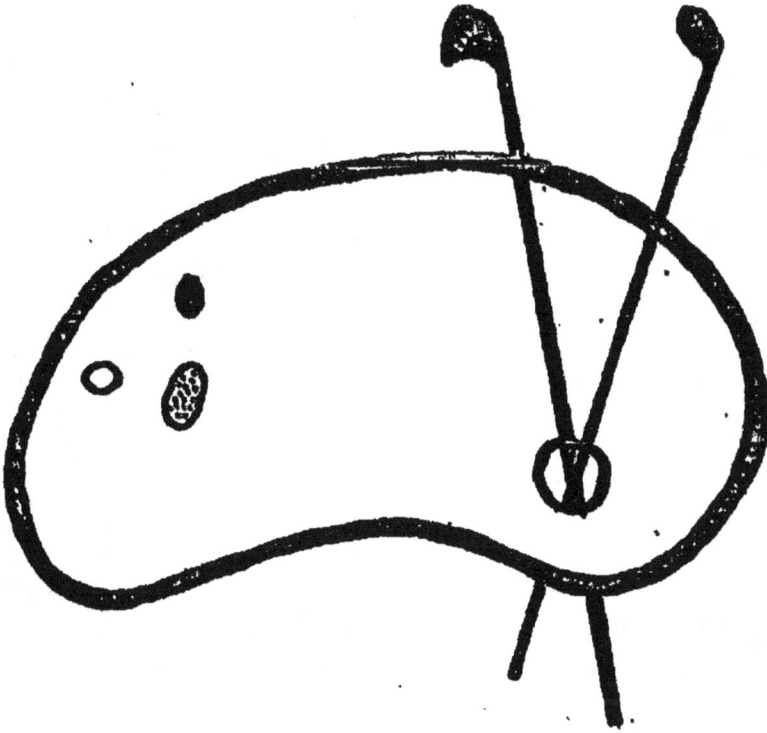

**DEBUT D'UNE SERIE DE DOCUMENTS
EN COULEUR**

BIBLIOTHÈQUE NATIONALE

MÉMOIRES

DE

BEAUMARCHAIS

TOME III

PARIS
Librairie de la BIBLIOTHÈQUE NATIONALE
L. PFLUGER, Éditeur
Passage Montesquieu, 5, rue Montesquieu
PRÈS LE PALAIS-ROYAL

Bibliothèque Nationale. — Volumes à 25 c.
CATALOGUE AU 1er JANVIER 1895

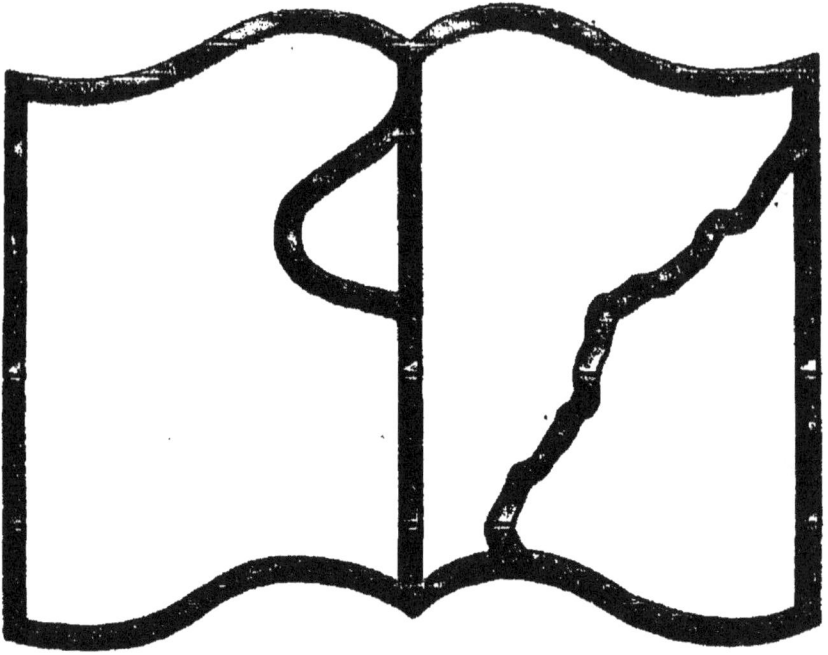

Texte détérioré — reliure défectueuse
NF Z 43-120-11

VALABLE POUR TOUT OU PARTIE DU
DOCUMENT REPRODUIT

Prévost Manon Lescaut... 1
Quinte-Curce. Histoire d'A-
lexandre le Grand 3
Rabelais. Œuvres........ 5
Racine Esther Athalie.... 1
— Phèdre, Britannicus..... 1
— Andromaque. Plaideurs. 1
— Iphigénie. Mithridate.... 1
— Bérénice. Bajazet....... 1
Regnard. Voyages........ 1
— Le Joueur. Folies....... 1
— Le Légataire universel. 1
Roland (M⁰⁰) Mémoires.... 4
Rousseau (J.-J.) Emile, 4v.;
Contrat social, 1 v.; De
l'Inégalité, 1 v.; La Nou-
velle Héloïse, 5 vol; Con-
fessions 5
Saint-Réal. Don Carlos, Con-
juration contre Venise.. 1
Salluste. Catilina. Jugurtha. 1
Scarron. Roman comique... 3
— Virgile travesti......... 3
Schiller. Les Brigands..... 1
— Guillaume Tell........ 1
Sedaine Philosophe sans le
savoir. La Gageure...... 1
Sévigné (Mᵐᵉ de), Lettres
choisies... 2
Shakespeare. Hamlet, 1 v.;
Roméo et Juliette, 1 v.;
Othello, 1 v.; Macbeth,
1 v.; Le Roi Lear, 1 v;
Le Marchand de Venise,
1 v.; Joyeuses Commères,
1 v ; Le Songe d'une Nuit
d'été, 1 v ; La Tempête,
1 v.; Vie et Mort de Ri-
chard III, 1 v.; Henri VIII,
1 v.; Beaucoup de bruit
pour rien, 1 v.; Jules César 1
Sterne. Voyage sentimental 1
— Tristram Shandy........ 4
Suétone. Douze Césars 2
Swift Voyages de Gulliver. 2
Tacite. Mœurs des Germains 1
— Annales de Tibère...... 2
Tasse. Jérusalem délivrée. 2
Tassoni. Seau enlevé...... 2
Tite-Live. Histoire de Rome 2
Vauban. La D¹ᵐᵉ royale... 1
Vauvenargues. Choix..... 1
Virgile. L'Enéide......... 2
— Bucoliques et Géorgiques 1
Volney Les Ruines. La Loi
naturelle 2
Voltaire Charles XII, 2 v;
Siècle de Louis XIV, 4 v.;
Histoire de Russie, 2 v;
Romans, 5 v.; Zaïre, Mé-
rope, 1 v.; Mahomet, Mort
de César, 1 v ; La Hen-
riade, 1 v.; Contes en vers
et Satires, 1 v.; Traité sur
la Tolérance, 2 v.; Corres-
pondance avec le roi de
Prusse.............. 1
Xénophon. Retraite des Dix
Mille. 1
— La Cyropédie.......... 2

Le vol. broché, **25** c.; relié, **45** c.; F⁰, **10** c. en sus par volume.

Nota. — Le colis postal diminue beaucoup les frais de port :
1 colis de 3 kil. peut contenir 38 vol brochés ou 34 reliés; celui de
5 kil., 65 vol. brochés ou 55 reliés.

*Adresser les demandes affranchies à M. L. PFLUGER, éditeur,
passage Montesquieu, r. Montesquieu, près le Palais-Royal, Paris;*

Dictionnaire de la Langue française usuelle, de 416 pages
Prix, cartonné, 1 fr.; franco, 1 fr. 20.

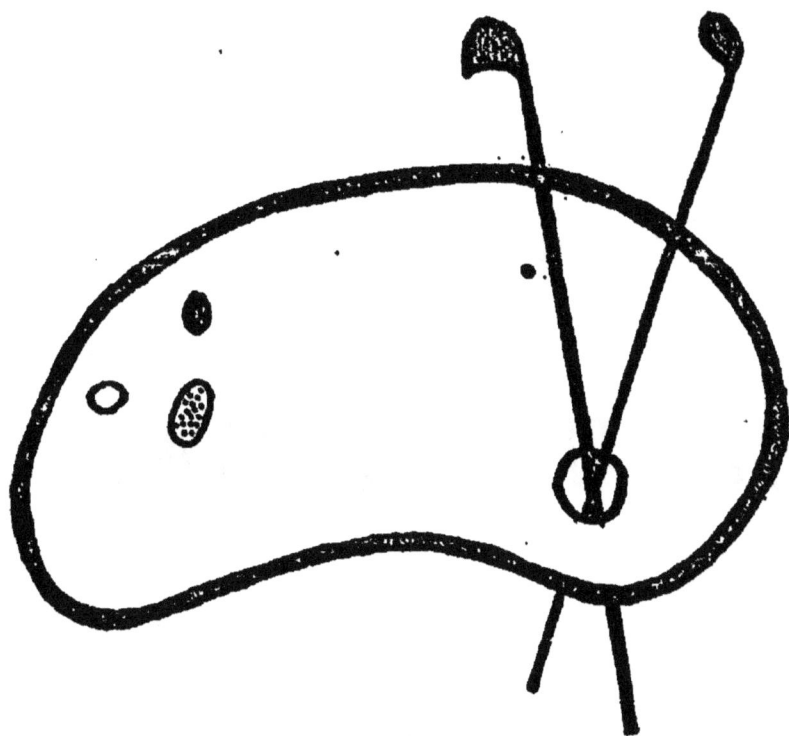

**FIN D'UNE SERIE DE DOCUMENTS
EN COULEUR**

BIBLIOTHÈQUE NATIONALE

COLLECTION DES MEILLEURS AUTEURS ANCIENS ET MODERNES

—•◦⬧◦•—

MÉMOIRES

DE

BEAUMARCHAIS

TOME TROISIÈME

PARIS

LIBRAIRIE DE LA BIBLIOTHÈQUE NATIONALE

PASSAGE MONTESQUIEU (RUE MONTESQUIEU)

Près le Palais-Royal

—

1895

Tous droits réservés

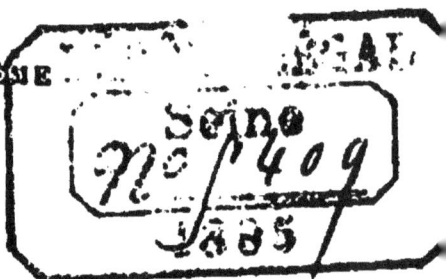

MÉMOIRES
DE BEAUMARCHAIS

RÉPONSE AU MÉMOIRE SIGNIFIÉ

DU COMTE A.-J. FALCOZ DE LA BLACHE

SUITE

PREMIÈRE PARTIE.

Beaumarchais payé ou pendu. Tel est sur ce procès le résumé concis et lumineux de quelqu'un qu'on sait à Paris avoir la vue fort nette (1). En effet, ce peu de mots renferme tout le fond de la contestation : je l'adopte volontiers; plus il est dur, et plus il me convient.

Mais ce n'est pas du fond qu'il s'agit aujourd'hui. Nous ne plaidons en ce moment ni pour être *payés* ni pour être *pendus*. Il s'agit seulement au conseil du roi de juger si la

(1) Ce mot était de M. le prince de Conti.

forme d'un arrêt rendu le 6 avril 1773 est contraire ou conforme aux lois du royaume.

Et cependant, monsieur le comte, vous répandez encore un mémoire épais sur le fond de l'affaire, exprès parce qu'il n'en est pas question.

C'est ainsi que nous vous avons vu plaider au palais de longs moyens d'inscription de faux, parce qu'il ne s'agissait alors entre nous que de lettres de rescision.

Mais quel pauvre métier faisons-nous l'un et l'autre ! Toujours embrouiller de votre part; toujours éclaircir de la mienne : il semble que nous ayons dit de concert : en attendant qu'on nous juge, ami, ferraillons toujours, écrivons, imprimons, et lira qui pourra.

Mais si les magistrats, dont la vertu, dont la tâche austère est de parcourir nos ennuyeux écrits, voient clairement dans les vôtres que des allégations ne sont pas des raisons, ils verront fort bien dans les miens qu'une discussion stérile, ingrate et forcée, peut contenir des vérités frappantes, et alors payera qui devra.

Et quand l'arrêt sera cassé (ce que j'ose espérer); quand nous renouvellerons la cause sous un autre aspect; quand vous aurez pris contre moi la voie de l'inscription de faux ; quand le sublime résumé, *payé* ou *pendu*, reprendra toute sa force, alors je trouverai peut-être plus de témoignages qu'il n'en faut pour vous convaincre de la plus odieuse calomnie.

Alors, du milieu même de la famille de ce respectable ami, peut-être il s'élèvera des voix qui vous crieront : « Nous avons fait ce que nous avons pu pour vous empêcher d'intenter cet indigne procès à Beaumarchais; nous vous avons dit : Il y a eu trop d'affaires d'argent trop d'intérêts mêlés entre M. Duverney et lui, pour qu'il n'en doive pas exister un arrêté quelconque ; et nous savons que cet arrêté existe. »

Alors il sera prouvé que la haine qui vous surmonte en tout temps vous a fait dire en présence d'un notaire et de plusieurs témoins, après avoir pris communication à l'amiable de mon titre : « S'il a jamais cet argent, dix ans seront écoulés avant ce terme ; et je l'aurai vilipendé de toute manière. »

Alors je profiterai des offres que plusieurs honnêtes gens m'ont faites ou fait faire, d'attester, les uns, que quelque temps avant sa mort M. Duverney leur avait dit : « J'ai clos enfin tous mes comptes avec M. de Beaumarchais, et j'en suis charmé. »

D'autres, dans l'intérieur même des affaires de M. Duverney, que peu de jours avant de mourir, sur leur remarque qu'il avait beaucoup d'or, lui qui n'en gardait jamais dans sa maison, il leur a dit : « Cet or est pour M. de Beaumarchais, avec qui j'ai réglé depuis peu mes comptes, et qui doit le venir prendre. »

D'autres ont offert d'attester qu'un tel, homme de loi, leur a plusieurs fois assuré avoir vu le double de l'acte chez M. Duverney, lors de la levée des scellés.

Tel autre assure que le comte légataire a fait, avant l'inventaire, un triage de papiers de M. Duverney, sous prétexte de soustraire tous ceux qui étaient inutiles aux affaires d'intérêt, et d'épargner des frais à la succession.

D'autres, enfin, que le jour même de la mort de M. Duverney, toute sa famille étant dans le salon, et le comte de la Blache tenant seul la chambre du mourant, cette famille éplorée apprit qu'il y avait depuis quatre heures un notaire enfermé dans la garde-robe, y attendant que le mourant, qu'on ranimait avec des gouttes et du *lilium*, reprît assez de force pour donner encore une signature avant sa mort, et que quelqu'un ayant demandé : pourquoi donc un notaire qui se cache? est-ce que mon oncle va faire un autre testament? un des fidèles valets du mourant répondit de l'intérieur : Eh! mon Dieu! non : c'est ce M. de la Blache qui le tourmentera jusqu'au dernier moment; il voudrait encore lui faire signer quelque chose; il a peur de n'en jamais avoir assez.

Cependant la mort du testateur empêcha le légataire d'arracher cette signature; et quelle signature, grands dieux! Elle était destinée à dépouiller sa respectable mère; il avait le sang-froid d'y songer, il avait le pouvoir de le tenter! Eh! qui ne tremblera pour moi! Tous mes titres étaient dans cette chambre où il dominait déjà. Ils étaient au fond du secrétaire de cet ami mourant, et mourant sans connaissance! et ces titres ne s'y sont plus trouvés lors de la levée des scellés, etc., etc.

Et pour que mon silence, au sujet de ces avis, ne soit pas pris pour de l'ingratitude, j'ai l'honneur de prévenir toutes les personnes qui me les ont fait donner avec une multitude d'autres, et qui m'ont offert des encouragements de toute nature dans le cours de l'absurde, atroce et ridicule procès connu sous le nom de *Goëzman et compagnie*, que, si je n'ai pas répondu à toutes leurs offres généreuses, c'est qu'étant entouré de piéges, et recevant quelquefois jusqu'à cent lettres par jour, quand je ne me serais point fait alors une loi de ne pas répondre, il m'eût été absolument impossible de le faire, parce que tout mon temps était dévoré par cet horrible procès. J'espère que le noble intérêt, la générosité, la justice ou la compassion des honnêtes gens qui m'ont fait passer tous ces avis, se soutiendront jusqu'à la fin : ils ne souffriront pas, lorsqu'il en sera temps, que ma cause soit privée de l'immense avantage qu'elle doit tirer de tant de témoignages respectables.

Alors, monsieur le comte, alors je prouverai l'origine, l'espèce et la durée de ma liaison avec M. Duverney; envers quelles personnes augustes il s'était engagé d'augmenter ma fortune; et ce qu'il a tenté pour y parvenir.

Je prouverai comment il m'a procuré divers intérêts échangés en argent, dont il m'a placé les fonds sur lui-même à dix pour cent, en attendant qu'il pût les placer à trente dans les vivres de Flandre.

Comment, ayant fait part à mes augustes protectrices de cet arrangement généreux qui me constituait six mille livres de rente, il en a reçu les remercîments de ces mêmes protectrices.

Comment ensuite il a voulu suppléer en ma faveur à la diminution de son crédit par des services personnels.

Comment il m'a prêté, pour acquérir une charge, cinq cent mille francs qui lui sont rentrés au bout de six mois. Comment, depuis, il m'en a prêté cinquante-six mille, au moyen desquels et d'un petit supplément je suis devenu noble de race, ou plutôt de souche, comme je crois l'avoir prouvé ailleurs.

Comment, m'ayant reconnu de la discrétion, un peu d'acquis beaucoup de reconnaissance, et quelque élévation dans le caractère, il me fit entrer dans sa plus intime confiance, et m'employa dans des affaires personnelles et majeures, où beaucoup de ses fonds me passèrent par les mains, pour son service, et où j'eus le bonheur de lui être infiniment utile.

Comment alors il m'a prêté sur de simples reçus quarante-quatre mille livres pour m'aider dans une acquisition, et plusieurs autres fois de l'argent sur mes reçus, sur les reçus d'un tiers et même sans reçu ; ce qui a formé son actif sur moi de cent trente-neuf mille livres.

Comment, à mon départ pour l'Espagne, sa tendresse n'ayant point de bornes, il m'a confié deux cent mille francs en ses billets au porteur, pour augmenter ma consistance par un crédit de cette étendue sur lui.

Comment, à mon retour, ayant vendu soixante-dix mille livres une charge dans la maison du roi, j'ai payé pour lui, dans ses affaires personnelles, plusieurs sommes dont j'avais ses quittances à l'instant où nous avons compté.

Comment, il m'a engagé dans une acquisition de forêt, et s'y est associé avec moi pour me faire plaisir, quoique je ne m'entendisse alors pas plus en bois que je ne m'entendais en procès avant mon commerce timbré avec le comte de la Blache.

Comment, du reste de l'argent de ma charge vendue, et de quelques autres fonds à moi, j'ai fourni ceux qu'il s'était obligé de faire pour nous deux dans notre entreprise commune.

Comment, des deux cent mille livres de billets que j'avais à lui, quarante mille livres ont été employées pour ses affaires personnelles et secrètes

Comment, et par qui notre liaison, sur la fin, a été troublée. Quel était l'homme qui craignait depuis longtemps que mon influence sur ce respectable ami ne lui fît faire un partage un peu moins inégal entre plusieurs de ses parents, excellents sujets qui pouvaient mourir de faim après sa vie, et son légataire universel qui pouvait mourir d'impatience avant sa mort.

Comment, ce vieillard vénérable était alors

tourmenté à mon sujet et moi au sien, par
des lettres anonymes infâmes dont il reste encore des traces non équivoques.

Comment, sans manquer à la religion du
secret, je puis montrer tel vestige d'une correspondance mystérieuse, importante et chif-
frée entre lui et moi, qui prouvera que de
puissants intérêts formaient le principe et la
base de nos liaisons secrètes.

Comment le légataire écartait du bienfaiteur celui qu'il soupçonnait vouloir du bien à
certains parents du bienfaiteur.

Comment et par qui le sieur Dupont, qui
d'emplois en emplois, étant devenu son premier secrétaire, qui avait mérité d'être son
ami, et est aujourd'hui son successeur dans
l'intendance de l'École Militaire, a été lui-
même éloigné de ce vieillard sur la fin de sa
vie, parce que le sachant nommé son exécuteur testamentaire, on avait le projet de faire
faire au vieillard un autre testament, et d'obtenir un autre exécuteur.

Puis je dirai comment, ayant fait moi-même
un mariage avantageux vers ces temps-là;
comment, ayant un fils pour qui je devais tenir mes affaires en règle, je rappelai plusieurs
fois à M. Duverney qu'il restait un compte
important à finir entre nous deux; où la distraction des fonds à lui qui m'avaient passé
par les mains pour ses affaires, d'avec ceux
qu'il m'avait prêtés pour les miennes, devait
être faite avant tout; où les divers reçus, billets, quittances, reconnaissances, etc., devaient être réciproquement remis; où le résultat de dix ans de liaisons et d'affaires com-
munes, celui du mélange des capitaux res-
pectivement fournis, celui des intérêts à répéter l'un envers l'autre, devaient être fixés;
où la transaction enfin sur les objets res-

tés en souffrance devait être arrêtée entre nous.

Alors on sentira que, pour la tranquillité des deux intéressés et pour l'apurement de tant d'intérêts mêlés, il a bien fallu qu'il se formât entre nous ce que les négociants de Lyon, dans leurs grands payements, appellent des virements de parties; où chacun muni du bordereau de son actif sur l'autre, l'oppose en compensation à l'actif de l'autre sur lui-même; d'où il résulte que des millions s'y payent avec quelques sacs; ainsi qu'entre M. Duverney et moi plus de six cents mille francs, ballottés dans notre virement de parties, se sont acquittés avec quinze mille livres.

Alors je prouverai comment j'ai prié, pressé, tourmenté M. Duverney de finir cet arrangement : comment l'asservissement domestique où son légataire était parvenu à le tenir le forçait d'user de ruse pour me voir secrètement chez lui : comment je m'offensais et refusais souvent d'y aller · comment il sortait en carrosse par sa cour, et rentrait secrètement par son jardin aux heures où les difficultés de notre affaire me forçaient d'accepter ses rendez-vous secrets : comment l'inquiétude que la présence d'un notaire n'en donnât à son héritier, le fit se refuser constamment à ce que notre arrangement se terminât par-devant notaire; et comment enfin, forcé de me plier à son allure difficile, tant par respect pour son âge que par reconnaissance pour ses bienfaits, j'ai consenti, après quatre mois de débats, de faire avec lui, sous seing-privé, l'arrêté définitif qu'on me dispute, et la transaction qu'il renferme.

Alors on ne sera plus surpris que le premier article de notre acte, uniquement relatif aux affaires secrètes de M. Duverney, calculé, compté, réglé d'un seul trait, soit aussi court et mystérieux que tout le reste est clair et libellé, parce qu'il ne devait jamais rester aucune trace de ces affaires secrètes, et qu'il suffisait, pour ma tranquillité, que M. Duverney reconnût en bloc dans ce premier article la fidélité de la gestion de ses fonds, la clarté des pièces justificatives, celle de leur emploi, qu'il m'en donnât décharge et me tînt *quitte de tout à cet égard envers lui*, comme il l'a fait.

Mais le mot *quitte de tout envers lui*, relatif seulement à ses affaires personnelles, ne nous empêcha pas d'entamer à l'instant un arrêté de nos débets réciproques, où, loin d'être *quitte de tout envers lui*, je suis porté son débiteur de cent trente-neuf mille livres au premier article, après lui avoir toutefois remis pour soixante mille francs de billets au porteur, reste de deux cent mille francs qu'il ne m'avait point prêtés, mais confiés, et qui par cela même ne devaient point entrer dans notre compte.

Alors, en examinant notre opération sous cet aspect, loin de trouver l'acte obscur, on le reconnaîtra pour le plus lucide et le plus clair de tous les arrêtés de compte entre deux amis de bonne foi. L'on y verra qu'en le dépouillant de toutes les phrases qui ne sont là que pour établir la justesse et le fondement de chaque article, il ne reste autre chose que ce tableau arithmétique qui a été mis à la fin du compte, pour que les deux intéressés en pussent saisir toutes les parties d'un coup d'œil.

Tableau succinct du compte raisonné des autres parts.

Doit M. de Beaumarchais à M. Duverney la somme de 139,000 l.		Doit M. Duverney à M. de Beaumarchais la somme de 98,000 l.	
Pour payer..........	139,000 l.	Pour le payement, M. Duverney abandonne à M. de Beaumarchais le tiers d'intérêt qu'ils ont dans les bois de Touraine; par là, il s'acquitte envers lui de fonds avancés ci.........	75,000 l.
M. de Beaumarchais fournit la quittance du 27 août 1761, de...	20,000 l.		
Idem du 16 juillet 1865, de...	18,000 l.		
Idem du 14 août 1766, de...	9,500 l.		
Les arrérages non payés de la rente viagère de 6,000 liv. depuis juillet 1762, jusqu'en avril 1770...................	45,000 l.	M. de Beaumarchais refuse les 8,000 liv. d'intérêt de ces fonds; M. Duverney se trouve encore acquitté de................	8,000 l.
La mise d'argent dans l'affaire des bois de Touraine, dont M. Duverney devait faire les fonds...	75,000 l.	Par l'écrit fait double des autres parts, M. Duverney doit payer à la volonté de M. de Beaumarchais la somme de....	45,000 l.
L'intérêt de cette somme porté à.......................	8,000 l.		
Le fond du contrat de 6,000 l. de rente viagère que M. Duverney y achète, pour son capital.	60,000 l.		
Total des payements faits par M. de Beaumarchais..........	237,000 l.	Total des payements de M. Duverney....................	98,000 l.
Au moyen de ces payements, M. Duverney se trouve débiteur de M. de Beaumarchais de la somme de...............	98,000 l.	Au moyen de ces payements, M. Duverney se trouve quitte envers M. de Beaumarchais. Balance..................	98,000 l.

Alors on reconnaîtra dans ce tableau arithmétique tout notre acte en peu de mots, sauf
le prêt de soixante-quinze mille francs, qui,
dans cet acte, est une véritable transaction, et
le prix de ma complaisance à résilier une société qu'il m'eût été très-avantageux de conserver.

Alors je prouverai qu'avant d'entrer en procès avec l'héritier de mon bienfaiteur, toutes
ces choses ont été expliquées à ce même
comte Falcoz; je prouverai que j'ai, pendant
six mois, épuisé tous les bons procédés envers
lui ; que je l'ai poliment invité de venir examiner à l'amiable mes titres chez mon notaire; qu'il y a plusieurs fois amené les amis et
les commis de M. Duverney; que tous ont reconnu l'écriture du testateur dans l'acte et
dans toutes les lettres, et que tous l'ont voulu
dissuader de soutenir un aussi mauvais procès.

Je prouverai que j'ai porté l'honnêteté jusqu'à engager Mᵉ Mommet, mon notaire, qui a
bien voulu s'y prêter, de présenter de ma part
le titre et les lettres au conseil du comte de
la Blache, assemblé; d'y faire même proposer
à ceux qui le composaient d'être arbitres entre le comte Falcoz et moi, quoiqu'ils fussent
tous ses amis; avec offre de dissiper à leur
satisfaction tous les nuages du comte légataire, et même de leur remettre mon blanc-
seing.

Alors il ne restera plus qu'une difficulté,
qui sera de juger si la conduite de mon adversaire avec moi fut plus odieuse qu'absurde,
ou plus absurde qu'odieuse. Alors on se de-
mandera avec étonnement comment un pareil
procès a pu exister dans le dix-huitième siècle: par quel *genuit* infernal et quel enchaîne-
ment diabolique un legs universel de quinze
cent mille francs a engendré l'odieux procès

des quinze mille francs, lequel a enfanté l'absurde procès des quinze louis, lequel a produit le fameux arrêt de mon blâme ; lequel a fait blâmer, etc., etc., etc.

Mais, comme je vous disais, ce n'est pas de cela qu'il s'agit aujourd'hui. Nous sommes au conseil en cassation d'arrêt : n'égarons pas la question. Pour m'y renfermer de mon mieux, je me contenterai de rappeler ce que j'en ai dit à l'instant où j'obtins sur cette affaire un arrêt de soit communiqué. A défaut d'imagination, j'invoquerai ma mémoire, et si je ne dis pas des choses neuves, au moins j'en répéterai de vraies. Triomphez, monsieur le comte, d'être inépuisable en raisonnements faux, obscurs, insidieux ; j'aime mieux en transcrire modestement un seul qui va rondement au fait, que de me mouiller de sueur en écrivant, pour faire sécher d'ennui le lecteur en me parcourant.

Je disais donc.

Deux questions embrassent entièrement le fond de l'affaire.

Première question. — L'acte du 1er avril 1770 est-il un arrêté de compte, une transaction, un acte obligatoire, ou un simple acte préparatoire ?

Seconde question. — L'acte est-il faux ou véritable ?

Réponse. — L'acte du 1er avril est un arrêté de compte définitif.

Il est intitulé : *Compte définitif entre MM. Duverney et de Beaumarchais.*

Il est fait double entre les parties.

Il renferme un examen, une remise et une reconnaissance de la remise des pièces justificatives de cet arrêté.

Il porte une discussion exacte de l'actif et du passif de chacun, et finit par constater irrévocablement l'état réciproque des parties, en en fixant la balance par un résultat.

Mais si cet acte est un arrêté de compte définitif, il est aussi une transaction ; et cette transaction porte sur des objets qui, pour être compris dans l'arrêté, n'en sont pas moins indépendants ; et de cette transaction, fondue dans l'arrêté, naît encore une obligation.

Puisque l'arrêté de compte est général, qu'il transige sur divers objets, puisqu'il oblige pour le reliquat, donc cet acte est un arrêté définitif avec obligation et transaction ; donc c'est sous ce triple point de vue qu'on a dû le juger ; donc la déclaration de 1733 n'y est nullement applicable ; donc l'arrêt qui l'a déclaré nul, sans qu'il fût besoin de lettres de rescision, doit être réformé.

D'après ce qui vient d'être dit, la seconde question, *l'acte est-il faux ou véritable?* n'est plus, dans l'espèce présente, qu'un tissu d'absurdités dont voici le tableau :

Si l'acte n'est pas souscrit par M. Duverney, à propos de quoi présentiez-vous à juger si cet acte est un arrêté, une transaction, un compte définitif, ou seulement un acte préparatoire? Pourquoi demandiez-vous un entérinement de lettres de rescision? Il fallait contre un acte faux vous pourvoir par la voie de l'inscription de faux : je vous y ai provoqué de toutes les manières; vous vous en êtes bien gardé.

Et si l'acte est daté et signé par M. Duverney, nous voilà rentrés dans la première question, laquelle exclut absolument la seconde.

Or, il s'agit ici de l'arrêt : on n'a pas pu regarder l'acte comme faux, puisqu'on présentait à juger la proposition précisément contraire; c'est à savoir : *si un acte passé entre majeurs doit être exécuté*

Donc l'arrêt n'a pas pu le rejeter en entier, ni l'annuler sans qu'il fût besoin de lettres de rescision : donc l'arrêt doit être réformé.

Mon adversaire, tournant sans cesse dans le cercle le plus vicieux, cumulait à la fois les lettres de rescision, la voie de nullité, et le débat des différents articles du compte.

Sur le second article, il disait : La remise de cent soixante mille francs de billets, exprimée dans l'arrêté, n'est qu'une illusion. Il jugeait donc *faux* l'acte par lequel M. Duverney reconnaissait les avoir reçus de moi.

Sur le quatrième article, il disait : Il y a ici un double emploi de vingt mille francs; cette somme n'est pas entrée dans l'actif de M. Duverney, porté à cent trente-neuf mille livres. Il reconnaissait donc *véritable* l'acte où il relevait une erreur prétendue; car il n'y a pas de double emploi où il n'y a pas d'acte.

Sur le cinquième article, il disait, sans aucune autre preuve que son allégation : Le contrat de rente viagère au capital de soixante mille francs n'a jamais existé. Il regardait donc comme *faux* l'acte qui en portait le remboursement.

Il prétendait ensuite prouver son assertion sur la nullité de cette rente, par les termes de l'acte même : n'était-ce pas avouer de nouveau que l'acte était *véritable* ?

Sur le sixième article du compte, il disait : « Il n'y a jamais eu de société entre M. Duverney et le sieur de Beaumarchais pour les bois de Touraine. » Il revenait donc à soutenir que l'acte qui la résiliait était *faux*.

Sur le neuvième article, contenant une indemnité, il disait : « C'est en trompant M. Duverney qu'on se fait adjuger l'indemnité sur une affaire qu'on lui présentait comme onéreuse, quand il est prouvé qu'elle est très-bonne. » Il regardait donc derechef l'acte comme *véritable*; car, pour abuser de l'esprit d'un acte, il faut que le fond en existe entre les parties.

Plus loin il disait : « Payez-moi pour cinquante-six mille francs de contrats; car vous les devez à M. Duverney. » L'acte qui les passe en compte était donc *faux*, selon lui.

Plus loin encore, il disait : « Je ne vous prêterai point soixante-quinze mille livres; car, selon l'acte même, j'ai le droit de rentrer en société. » L'acte dont il excipait alors était donc redevenu *véritable*.

C'est ainsi que, promettant sur une absurdité, il trouvait l'acte *faux* ou *véritable*, selon qu'il convenait à ses intérêts.

N'alla-t-il pas jusqu'à dire et faire imprimer : Si je préfère de discuter l'acte comme *véritable*, à l'attaquer comme *faux*, c'est parce que j'y trouve plus mon profit : il est honnête, le comte de la Blache !

Enfin, sans qu'on ait jamais pu savoir au vrai ce que mon adversaire voulait ou ne voulait pas sur cet acte, on a tranché la question, d'après l'avis du sieur Goëzman, *en annulant l'arrêté de compte, sans qu'il fût besoin de lettres de rescision.*

Etait-ce décider que l'acte est *faux* ? C'eût été juger ce qui n'était pas en question; on ne s'était pas inscrit en faux. Donc il faudrait réformer l'arrêt.

Etait-ce juger que l'acte est *véritable*, mais qu'il y a erreur ou dol, double emploi ou faux emploi ? Mais dans ce cas on ne pouvait l'annuler *sans qu'il fût besoin de lettres de rescision.* Donc, de quelque côté qu'on l'envisage, l'arrêt ne peut se soutenir, et doit être réformé.

Je n'ai traité, dans ce court exposé, que la partie de mon affaire qui a rapport à la cassation que je sollicite. J'ai laissé de côté mon droit incontestable, parce qu'il ne s'agit pas

aujourd'hui de savoir si j'ai tort ou raison sur
le fond de mes demandes, mais seulement si
le Palais a jugé contre ou selon les lois l'entérinement des lettres de rescision, la seule question qui lui fût soumise.

Tel était à peu près ce précis.

D'après tout ce qu'on vient de lire, on sent
bien qu'il n'y a qu'un raisonnement qui serve :
ou M. Duverney a signé quelque chose, ou il
n'a rien signé. S'il a signé quelque chose, ce
ne peut être qu'un arrêté de compte exact ou
erroné, contenant une transaction fondée ou
chimérique. Mais cet acte, signé de lui (*signé
de lui!* monsieur le comte ! quel mot à l'oreille
de celui qui doit un legs de quinze cent mille
francs à la seule signature de M. Duverney !)
cet acte donc, signé de lui, eût-il autant d'erreurs et de faux emplois qu'il vous plaît de
lui en supposer, s'il contient un seul article
exempt de conteste entre nous, l'arrêt qui
annule entièrement l'arrêté qui renferme cet
article, étant au moins vicieux en ce point,
doit être certainement réformé.

Or, vous ne m'avez jamais contesté (avant
l'arrêt) que je dusse à M. Duverney à l'instant
où nous avons compté, cent trente-neuf mille
livres, portées à l'article III : au contraire,
vous vous êtes sans cesse récrié sur le projet
que j'avais formé de m'emparer de toute sa
fortune : « La fortune de M. Duverney, avez-
vous imprimé, était un butin que le sieur de
Beaumarchais croyait lui appartenir. » D'où il
suit, selon vous-même, que s'il y a quelque
chose à dire contre l'énoncé de cent trente-
neuf mille livres, c'est qu'il contient beaucoup
moins d'argent que je n'en devais réellement.
Mais enfin, puisque M. Duverney s'en est contenté, voyons ce qu'il en résulte contre l'arrêt.

Ces cent trente-neuf mille livres se composent, dans l'acte, de cinquante-six mille francs qu'il m'a prêtés pour ma charge de secrétaire du roi, de l'intérêt de cet argent, et de divers billets et reçus qu'il s'engage de me rendre comme acquittés, et qu'il ne m'a point rendus.

Cependant vous dites aujourd'hui n'avoir trouvé que pour cinquante-six mille trois cents livres de titres sont e mol sous le scellé de M. Duverney : je ne sais ce qui en est; mais que m'importe à moi? Ce qui m'importe beaucoup, c'est que l'arrêt, annulant l'arrêté qui contient la créance reconnue de cent trente-neuf mille francs, annule aussi la promesse que M. Duverney m'y fait plus bas de me remettre *tous les titres, papiers, reçus, billets*, qui forment la différence de cinquante-six mille trois cents à cent trente neuf mille livres, c'est-à-dire quatre-vingt-deux mille sept cents livres, comme étant acquittés, et que, par cet annulement entier de l'acte, je reste à la merci de celui qui me retient ces titres, et qui peut, quand il voudra, me faire demander le payement de ces quatre-vingt-deux mille sept cents livres que je ne dois plus. Donc l'arrêt doit être réformé.

Sur trois quittances présentées dans l'acte en acquittement des cent trente-neuf mille francs, l'une de vingt mille, la seconde de dix-huit mille, la troisième de neuf mille cinq cents livres, vous vous êtes déchaîné contre la première en cent manières: mais vous ne m'avez jamais (avant l'arrêt) contesté les deux autres : et cependant l'arrêt qui annule l'acte entier, par lequel M. Duverney reçoit ces deux quittances en payement, me fait tort de vingt-sept mille cinq cents livres, que, selon vous-même, j'ai bien payés à compte des sommes que je devais. Donc l'arrêt doit être réformé.

Vous ne m'avez pas contesté (avant l'arrêt)
l'obligation que M. Duverney s'est imposée,
dans l'acte, de me rendre toutes les sollicitations qui lui ont été faites pour moi, par la
famille royale (et que j'appelais *mes lettres de
noblesse*, parce qu'il n'y a rien de plus anoblis-
sant qu'une bienveillance aussi auguste,
quand elle est méritée) : or l'arrêt annulant
l'acte entier, vous dispense de me remettre ces
papiers précieux, qui m'appartiennent et qu'on
s'est obligé de me rendre par cet acte même.
Donc l'arrêt doit être réformé.

Vous ne m'avez pas contesté (avant l'arrêt)
l'engagement que M. Duverney a pris dans
l'acte, de me faire faire, par un des meilleurs
peintres, un grand tableau qui le représentât
en pied. Or, n'y eût-il de vrai que cet article,
que vous vous êtes contenté d'honorer d'un
profond mépris, encore l'arrêt devait-il me
l'allouer : car mépriser en plaidant, n'est pas
contester, monsieur le comte : et quant aux
arrêts, vous savez que c'est la justice de la
demande, et non sa valeur, qui doit la fonder.

Un portrait, une bagatelle même, venant
d'une main chère, peut être d'un tel prix aux
yeux du demandeur, qu'il en fasse plus de
cas que d'une somme immense. Je n'en veux
qu'un exemple, encore plus connu de vous
que de moi.

Par son testament, M. Duverney, croyant ne
pouvoir faire un legs plus précieux à son neveu, le marquis de Brunoi, lui laisse un portrait du roi dans une boîte d'or qu'il désigne
et qu'il a reçue, dit-il, de son maître; plus,
un portrait de la reine, en grand, que cette
princesse lui avait aussi donné.

En homme exact, en légataire intelligent,
vous vous avisez d'observer que le texte du
testament est obscur sur ces deux points;

que la boîte d'or pourrait fort bien n'être pas comprise dans le don du portrait du roi, ni le cadre doré dans le don de celui de la reine; en conséquence, vous faites dessertir l'un, décadrer l'autre, et vous les envoyez à cru, sans cristal ni bordure, enfin sans ornement superflu. Le marquis de Brunoi, justement offensé, regarde à son tour le texte du testament, y voit, à côté du don de chacun des portraits, ces mots : *Tel qu'il se comporte.* Assignation de l'héritier du sang au légataire: on plaide; et le légataire, se voyant prêt à être condamné, sent un peu tard le ridicule de sa conduite, envoie et cadre, et boîte, et cristal ; et c'est là une des difficultés que vous appelez, dans l'exorde de votre mémoire, *les persécutions dont ce* malheureux *legs* de quinze cent mille francs *a été la source;* et ma citation finit là : sauf ma réflexion, qui est que, si l'engagement de remettre un portrait a bonne grâce dans un testament, il ne saurait défigurer une transaction.

Ce portrait que j'ai tant désiré, vous l'eussiez négligé, vous, pour des objets plus essentiels: mais moi, qui chéris autant la mémoire de ce respectable ami que vous en adorez la fortune, je voulus prendre alors des assurances contre l'asservissement domestique où vous le teniez, et qui l'empêchait seul d'accomplir la promesse qu'il m'avait faite depuis longtemps de me donner son portrait.

Or, de ce que vous ne m'avez pas contesté cette clause (avant l'arrêt), parce que vous l'avez dédaignée, s'ensuit-il qu'un injuste arrêt doive me priver du plaisir extrême que le portrait de mon ami, de mon bienfaiteur, m'aurait causé? Donc l'arrêt doit être réformé, sauf à plaider entre nous pour le cadre, et même pour le châssis, quand vous m'enverrez le portrait sur toile.

Mais si vous cherchez à faire entendre que cet arrêt ne m'a fait aucun des torts dont je me plains, parce que tous ces articles sont autant d'illusions, je vous demande à mon tour comment vous, qui avez été si fertile en raisonnements contre les objets que vous honorez de vos suspicions dans cet acte, n'en avez imaginé aucun pour contester (avant l'arrêt) tous ceux que je viens de citer.

Et si vous ne l'avez pas fait (avant l'arrêt), comment cet arrêt, en annulant l'acte entier, a-t-il pu vous les allouer à mes dépens, et vous accorder plus que vous ne demandiez vous-même ?

N'est-ce pas là le vice le plus grossier dont un arrêt puisse être taché ? de sorte qu'eussiez-vous raison sur tous les points que vous disputez à l'acte (ce que nous verrons dans un moment), en reprenant mon échelle à sens contraire, je vois que l'arrêt vous fait présent d'un portrait que vous ne demandiez pas; qu'il vous fait présent des recommandations de la famille royale que vous voudriez bien qui n'eussent jamais existé, à cause de ce que j'en ai dit dans mes mémoires *Goëzman*; qu'il vous fait présent de vingt-sept mille cinq cents livres contenues en deux quittances que vous ne m'aviez jamais contestées; et qu'il vous fait présent surtout du droit de me présenter, quand il vous plaira, pour quatre-vingt-deux mille sept cents livres et plus de titres actifs contre moi, que j'ai déjà payés à M. Duverney, qu'il s'est engagé par l'acte de me rendre, et qu'il ne m'a pas rendus. Donc l'arrêt qui annule en entier un acte *fait double* et signé des deux parties, contenant des clauses aussi incontestables, doit être incontestablement réformé.

Et si cet arrêt renferme des vices aussi énormes, comment êtes-vous assez injuste pour en soutenir la bonté, pour plaider contre sa cassation? Mais que dis-je? Si vous n'étiez pas le plus injuste des hommes, m'auriez-vous jamais intenté cet absurde procès? Et je ne confonds pas ici justice avec délicatesse, monsieur le comte. Je sais bien qu'à la rigueur il n'y a pas de raison pour qu'un homme assez adroit pour s'adjuger un legs de quinze cent mille francs, à l'exclusion d'une famille entière ne fasse pas tous ses efforts pour le porter à quinze cent mille livres cinq sous. Mais ces efforts devraient-ils aller jusqu'à l'injustice la plus palpable? monsieur le comte, je m'en rapporte à vous. Un homme de condition peut bien n'être quelquefois, malheureusement, ni généreux ni délicat : mais le plus vil roturier voudrait-il être injuste à cet excès? je m'en rapporte à vous.

Mais si vous soutenez enfin que M. Duverney n'a rien signé, c'est autre chose. Articulez-le bien positivement, monsieur le comte, mettez-vous en règle et voyons cela; ce qui n'empêche pas, en attendant, que l'arrêt qui vous adjuge mon bien d'une façon si révoltante ne doive être cassé; car ce que vous prétendez alors, on n'a pas dû le décider d'avance. Et, en bonne justice, vous ne pouvez prétendre à vous emparer d'une partie de ma fortune, en me taxant d'un faux au premier chef, sans que vous deviez courir, de votre part, le risque légitime d'y voir fondre et crouler la vôtre tout entière.

Jusqu'ici, comme vous voyez, je n'ai pas réfuté une seule des misérables allégations par l'assemblage desquelles vous espérez parvenir à donner l'acte du 1er avril pour louche, équivoque, ou même pour faux, *non est hic locus*; ce n'est pas ici le lieu, parce qu'il suffit des choses mêmes que vous ne contestez pas à l'acte, pour nécessiter la cassation de l'arrêt.

Mais si je ne l'ai pas fait, n'en concluez point que je ne puisse pas le faire, et que je ne le ferai pas d'une façon satisfaisante, lorsqu'il en sera temps. Baste! on en aura bien assez aujourd'hui quand on vous aura lu, sans que j'abuse encore de la patience du lecteur, en ajoutant l'ennui d'un long mémoire à la longueur ennuyeuse du vôtre.

Il suffira d'exposer en bref ici comment, ayant constamment établi pour principe de tous ses arguments, que l'acte du 1er avril *est inepte, insensé, faux, illusoire et nul, une fausse apparence,* en un mot *rien,* mon adversaire écharpe à plaisir ce pauvre acte; et cela tant que le peuvent endurer soixante-douze pages *in-quarto,* bien serrées, sans interlignes. On sent que sa colère donnerait beaucoup pour que tous les contraires puissent être vrais en même temps contre ce pauvre acte.

Ici, c'est M. Duverney qui a signé, daté, sans le regarder, un arrêté de compte, au bas de deux grandes pages à la Tellière, d'une écriture étrangère à ses bureaux, qu'il avait sous ses yeux depuis trois jours; ce qui, de ma part, dit-on, est un abus de confiance énorme : et cela doit paraître infiniment probable au lecteur.

Ailleurs, ce n'est plus un abus de confiance; c'est une date fixe, une signature de M. Duverney, apposée par lui, au bas de la seconde page d'une grande feuille de papier blanc, et livrée à mon infidélité; de façon que, pouvant en abuser pour m'approprier des sommes immenses, je me suis platement contenté de lui dérober quinze mille francs; ce qui est encore infiniment probable, comme on voit.

Ailleurs, ce n'est pas ni un abus de confiance ni un blanc-seing rempli; l'on suspecte l'écriture de M. Duverney; c'est un faux que j'ai fait. Il est vrai qu'on n'ose pas le dire à pleine bouche, parce que les conséquences en sont plus graves que celles de toutes les petites présomptions qu'on a multipliées à l'infini contre cet acte.

Ailleurs, on cherche à prouver la nullité de l'acte par la bonté de l'arrêt; et plus bas la beauté de l'arrêt par la difformité de l'acte. Et tout cela ne serait rien encore si, au grand tourment des lecteurs, l'écrivain, établissant toujours une thèse fausse, ne demeurait pas souvent infidèle à son principe. Exemple.

(Page 29). Pour établir l'abus de confiance, il commence par raisonner dans la supposition que j'envoyai véritablement les deux doubles signés de moi à M. Duverney, qui les garda trois jours, et m'en fit remettre un daté et signé de lui. Et sur-le-champ l'orateur, oubliant sa majeure, ajoute que cette hypothèse même serait un nouveau titre de condamnation contre moi, parce qu'il en résulterait de ma part un abus de confiance punissable. Et voyez ce que devient ce raisonnement lorsqu'on le presse. L'acte était-il bon? il ne pouvait donc pas résulter de son envoi un abus de confiance. Etait-il mauvais? il est clair que je ne l'aurais pas exposé à la critique réfléchie de trois jours d'examen de celui qui devait le signer.

Tout est de même un vrai *galimatias*. Il faut convenir que l'art de raisonner faux est poussé bien loin dans ce mémoire; c'est la méthode unique de l'auteur à qui je réponds.

En traitant fort inutilement le fond de l'affaire, qui est de décider si un acte est bon ou mauvais, il commence par poser que l'acte ne vaut rien; et comme si ce point en débat lui avait été accordé, il en discute tous les articles sur ce principe. L'acte est illusoire; donc cette quittance n'a pas été fournie: l'acte est illusoire; donc tel contrat qui y est relaté n'a jamais existé : l'acte est illusoire ; donc telle société qui y est résiliée n'a jamais eu lieu entre les parties.

A force de répéter : l'acte est illusoire, l'acte ne vaut rien, et de toujours raisonner sur ce fond vicieux, le faux du raisonnement finit par échapper au lecteur ennuyé. Dans son étourdissement, il oublie que, si l'acte était reconnu bien illusoire, on ne se donnerait plus la peine de tant raisonner dessus ; et que la seule nécessité de le discuter encore prouve du reste que la fausseté de l'acte n'est rien moins que certaine.

Et remarquez que cette méthode de raisonner toujours méthodiquement faux est tellement celle du comte de la Blache et de son défenseur, que, dans la partie même qui est la plus familière à ce dernier, je veux dire la discution des moyens de cassation de l'arrêt, il ne peut s'empêcher d'y revenir sans cesse, et partout de tromper le lecteur à son scient, au grand mépris de sa vergogne intérieure.

A la vérité, dit-il, les ordonnances de nos rois adoptent, indiquent, admettent tels ou tels moyens de cassation (qui sont les miens); mais ce n'est jamais que relativement à des actes véritables, et non à des actes illusoires comme celui du 1er avril 1770. De sorte que, si l'acte n'est pas illusoire, le raisonnement de l'avocat ne vaut rien ; et comme nous ne plaidons que pour décider si l'acte est nul ou exigible, il suit que l'avocat a pris partout, pour base de ses raisonnements, l'unique objet qu'il entend emporter par la bonté de ces mêmes raisonnements. Quelle pitié!

Dans son dernier précis, qu'on peut regarder comme la quintessence de ses œuvres, après avoir invoqué contre moi la sagesse des nations; après avoir réduit la cause entière à deux proverbes, et nous avoir appris qu'*erreur*

n'est pas compte; qu'à *tout compte on peut revenir;* arguments d'éternelle vérité, auxquels on
sent bien pourtant qu'on pourrait opposer
ceux-ci qui sont de la même force : *Qui prouve
trop ne prouve rien; qui compte sans son hôte,*
etc., etc., l'avocat raisonne ainsi :

« DANS LE FAIT, l'arrêt a jugé que tous les articles du compte ne sont que de faux emplois :
il a donc fallu déclarer le compte nul... Dira-
t-on que mal à propos on a regardé comme
faux les articles du compte ?... en ce cas, ce
serait un mal jugé · un mal jugé n'est point
un moyen de cassation. » Donc il faut que
l'acte reste annulé.

En lisant ce mémoire, on y sent partout je
ne sais quoi de faux qui fatigue la tête et
vous tinte à l'esprit ; mais il est renforcé de
temps en temps d'arguments si dissonnants,
si rêches, qu'ils en agacent les dents et vous
crispent les nerfs : tel est surtout l'effet de ce
dernier. Et c'est ce qu'une comparaison prouvera mieux que tous les raisonnements.

Si le choix de l'exemple est singulier, si le
fait est impossible, et si la chute en est bien
absurde, il n'en ira que mieux au but par la
justesse du rapprochement. Et quand un raisonnement est aussi chargé de ridicules, on
court peu de risques à l'en couvrir tout à fait
en le développant.

Un paysan se présente en cassation d'un
arrêt du conseil supérieur de sa province,
qui, sans autre explication, le condamne à
être fauché... Fauché ! Les ordonnances du
roi, dit son avocat, enjoignent bien de faucher
les prés ; mais un arrêt qui ordonne de faucher
un homme doit être certainement réformé.

Qu'oppose à ceci l'avocat faucheur, germain
tout au moins de l'avocat annuleur à qui je
réponds? Écoutons-les plaider concurrem-
ment.

Dans le fait, a dit l'ann…, l'arrêt a jugé que tous les articles du compte ne sont que de faux emplois; il a donc fallu déclarer le compte nul. »

« Dans le fait, dit le fauch…, l'arrêt a jugé que toute *barbe de Lucas est comme autant de brins d'herbe sur la face d'un pré* : il a donc fallu déclarer *le visage de Lucas fauchable*…. »

« L'ann… Dira-t-on que mal à propos on a regardé comme faux les articles du compte? en ce cas ce serait un mal jugé : un mal jugé n'est point un moyen de cassation : donc il faut que l'acte reste annulé. »

« Le fauch… Dira-t-on que mal à propos on a regardé comme *un pré la face de Lucas?* En ce cas ce serait un mal jugé : un mal jugé n'est point un moyen de cassation : donc il faut que *Lucas soit fauché.* »

Et moi je dis une fois pour toutes à l'avocat annuleur : donc on raisonnerait pendant deux ans, dès qu'on part d'un faux principe, on arrive toujours à une absurdité.

Sur le fond du procès, il a dit : *l'acte est faux, donc telle chose,* etc. Sur la forme de l'arrêt il vous dit : *l'arrêt a jugé que l'acte est nul, parce qu'il est plein de faux emplois ; donc l'arrêt doit subsister :* tandis que la seule chose à dire était : « l'arrêt est conforme ou contraire à la loi; donc la nullité de l'acte a été bien ou mal prononcée. »

Car l'obéissance implicite et servile n'est due qu'à la loi seule : non en ce qu'elle est juste, mais en ce qu'elle est loi. Fût-elle injuste, aussi longtemps qu'elle subsiste, elle est sans réplique ; et l'abrogation seule en peut arrêter l'empire. Et voilà pourquoi tant de précautions sont importantes, et tant de formalités sont saintes et nécessaires, avant qu'un établissement ait acquis force de loi

chez un peuple. Et voilà pourquoi la jurisprudence des arrêts, trop souvent substituée à la
loi dans les jugements, les rend vicieux, fus-
sent-ils justes, en cela seul qu'ils sont arbi-
traires, en ce qu'ils font du juge un législa-
teur; ce qui est le renversement de toute
bonne politique.

Nul ne se plaint d'être jugé selon la loi;
mais tous ont droit de se plaindre, étant ju-
gés selon la jurisprudence, c'est-à-dire selon
la prudence des juges, qui sont des hommes :
et c'est ce qui m'arrive. Or le conseil du roi
fut très-sagement institué pour conserver entier l'empire de la loi. Donc si cet empire est
violé dans un arrêt, juste ou non, il doit être
cassé. Donc l'avocat du précis est toujours à
côté de la question quand il cite au conseil,
en preuve de sa bonté, les motifs de l'arrêt
quels qu'ils soient.

Plus bas, l'avocat du précis, toujours aussi
exact dans ses autorités qu'heureux dans ses
raisonnements, s'écrie : *Qu'on présente le prétendu compte... à tous les négociants; il n'y en a
aucun qui ne dise : ce n'est pas là un compte : c'est
un roman.* Et cependant M⁰ Mariette sait que
M. le rapporteur a dans ses mains quatre parères ou jugements de quatre chambres de
commerce de ce royaume, en faveur de l'acte,
duquel tous les négociants sont d'avis que
l'exécution doit être ordonnée dans toutes ses
parties, sans que les héritiers ou légataires
Duverney aient le droit de s'y opposer.

Bientôt après, suivant une puérile logique
de collége entièrement usée, l'avocat, supposant une absurdité que personne n'a dite
avant lui. savoir : *que ces quinze mille livres sont
une gratification déguisée,* bien renforcée par
cette invention, s'écrie : *Il est incroyable, on
ose le dire, qu'on ait voulu accréditer une pareille
idée.* Et le voilà ferraillant contre son absurde

invention, qu'il combat doctement pendant deux pages ; et son résumé meurt là.

C'était bien la peine de naître.

En général, tous les moyens du comte Falcoz se réduisent à ceci.

C'est un légataire universel de quinze cent mille francs, qui dit avec humeur au créancier de son bienfaiteur : « Que me demandez-vous ? — Quinze mille francs, que votre bienfaiteur me doit. — Je n'ai rien su des affaires qu'il y a eu entre vous et lui ; avez-vous un titre ? — Voilà son arrêté. — Je ne payerai point ces quinze mille francs.— Pourquoi cela ? — Parce que l'arrêté de mon bienfaiteur, que vous me présentez, n'est qu'un *chiffon*. — Et comment savez vous que cet arrêté n'est qu'un chiffon ? — C'est que je ne crois point du tout que mon bienfaiteur vous dût ces quinze mille francs. — Mais comment savez-vous qu'il ne me les devait pas, puisque vous ignorez absolument les affaires qu'il y a eu entre lui et moi ? — Je n'ai pas besoin de les savoir, pourvu que je prouve que cet arrêté n'est qu'un chiffon. — Eh bien ! parlez ; j'attends vos preuves sur le chiffon. — Mes preuves ? je vous les ai dites : c'est que je ne crois pas du tout que mon bienfaiteur vous dût ces quinze mille francs. — Mais il a signé cet arrêté. — Eh bien ! il a signé comme un imbécile une absurdité ; ou peut-être n'a-t-il pas lu l'acte en le signant, ou peut-être avez-vous écrit cet acte après coup sur un de ses blancs-seings ; ou peut-être même est-ce une fausse signature. — Vous êtes bien honnête ! Mais enfin, de toutes ces imputations, à laquelle vous arrêtez-vous ? étant contradictoires, elles ne peuvent exister toutes ensemble. — Vous m'impatientez ; je n'en sais rien : mais ce que je sais bien, c'est que je ne payerai pas les quinze mille francs, parce que l'arrêté de mon bienfaiteur n'est qu'un chiffon. — Je suis désolé de vous impatienter; mais dussiez-vous entrer en fureur, et dût le lecteur en périr d'ennui, prouvons, monsieur le comte, encore une fois pour n'y jamais revenir, que cet acte, cet arrêté, cette transaction n'est point un chiffon; et sortons enfin de ce cercle vicieux, de ce tournoiement étourdissant où vous ne m'attirez que pour essayer de me submerger avec vous (1).

SECONDE PARTIE

Lorsque je réfléchis sur le résumé si énergique et si court par où j'ai commencé ma première partie, je trouve qu'on aurait pu lui donner un peu plus d'extension. Il est certain qu'il n'y a sérieusement à dire sur le fond de mes demandes que ces quatre mots : *Beaumarchais payé ou pendu.* Car n'est-ce pas le chef-d'œuvre de l'absurdité que de se porter habile à débattre un arrêté dont on avoue qu'on ne connaît aucun antécédent ? Cette ignorance bien reconnue, que reste-t-il à faire ? Contester ou nier la signature, bien prouver le faux de l'acte, et voilà Beaumarchais *pendu*; cela va bien. Cependant s'il arrivait qu'on ne pût prouver le faux, ni entamer cette signature, et que la calomnie fût bien avérée, vous ajoutez seulement : voilà Beaumarchais *payé.* Oh! cela ne va pas si bien; car dans la balance de la justice il n'y a point d'équilibre entre être *pendu* pour avoir fait un faux, et se voir seulement *payé* pour en avoir

---

(1) Le comte de la Blache,, affamé de ma ruine, a juré qu'il y mangeraitt cent mille écus: puisque l'appétit lui vient en mangeant, cette faim pourra bien lui faire faire un repas plus somptueux encore.

été faussement accusé ? Ne semble-t-il pas que le calomniateur, en ce cas, devrait aussi cordialement payer de sa personne ?

Si l'on est surpris de me voir traiter froidement des idées aussi repoussantes, j'avoue que je ne le suis pas moins que le lecteur. J'admire en écrivant avec quelle facilité l'esprit humain se donne le change à lui-même, et parvient, en s'oubliant, à calculer, à combiner paisiblement les divers rapports d'un objet, dont le seul aspect, dépouillé de ce prestige, est capable de l'indigner et de le mettre en fureur.

En travaillant à ce mémoire, il m'arrive, en effet, souvent d'oublier que c'est moi que je défends. Cette abstraction une fois obtenue, supérieur à l'humiliation de mon état, je ne vois plus en moi que le défenseur d'un homme outragé; toute mon existence alors est dans ma pensée; et la plus noble faculté de l'homme se déploie et s'exerce librement. Alors ce travail qui tue le corps est un grand bien pour l'âme; il va jusqu'à servir de dédommagement au malheur qui l'enfanta. Croyez-moi, lecteur! il y a mille lieues de cet état à l'infortune. Oui, jusque dans l'excès du mal, il y a encore du bien pour l'homme né sensible, et qui pense avec liberté. L'avantage de penser l'élève, et le bonheur de sentir le console.

Eh! quel, entre nous, n'a pas été mille fois consolé des chagrins les plus cuisants par l'exercice, même instantané, de cette autre inconcevable faculté qu'on nomme sentiment?

Qui de vous n'a pas éprouvé qu'une heure de franche et vraie sensibilité, librement exercée, répare et paye au centuple des années de souffrances? Qui de vous, dans ces moments suprêmes où l'âme, étonnée de son activité, se fond, s'abîme et se perd dans une autre âme, n'a pas été tenté de s'écrier avec enthousiasme : O mon père, ô mon Dieu! avec quelle profusion ta main bienfaisante a versé le bonheur sur tes enfants!

Me voilà loin de mon sujet sans doute; et c'est mon sujet lui-même qui m'a jeté dans cet écart.

En parlant un jour au compte de... sur ce procès, je lui disais : « Soyez certain, monsieur, que depuis longtemps la haine avait enfanté l'injure que l'avidité consomme aujourd'hui. » Il me répondit qu'en effet le comte de la Blache lui avait dit ingénument : *Depuis dix ans, je hais ce Beaumarchais comme un amant aime sa maîtresse.*

Quelle horrible usage de la faculté de sentir! et quelle âme ce doit être que celle qui peut haïr avec passion pendant dix ans! Moi qui ne saurais haïr dix heures sans être oppressé, je dis souvent : Ah! qu'il est malheureux, ce comte Falcoz! ou bien il faut qu'il ait une âme étrangement robuste.

Cependant passe encore pour haïr. Mais troubler sa vie pour empoisonner la mienne! toujours déraisonner, et mettre un avocat à la torture pour l'obliger d'en faire autant, et tout cela seulement pour le bonheur de me nuire! voilà ce que je n'entends point; et voilà ce que le comte légataire a fait depuis quatre ans.

Prouvons.

De puissantes recommandations avaient allumé pour moi le zèle de M. Duverney.

De grands motifs y avaient fait succéder la tendresse et la confiance.

De pressants *intérêts* avaient remué plus d'un million entre nous deux.

Partie avait été employée pour son service, et partie pour le mien.

Aucun compte pendant dix ans n'avait nettoyé des intérêts aussi mêlés.

Une foule de pièces existaient entre ses mains ou dans les miennes.

Un arrêté de compte était devenu indispensable.

Cet arrêté fut signé le premier avril 1770.

Trois mois après, M. Duverney mourut.

Un mois après sa mort, j'écrivis à son légataire universel, sur les demandes que j'avais à former contre lui en cette qualité. Sa réponse fut : « Qu'il était trop peu instruit des affaires qui avaient existé entre M. Duverney et moi pour pouvoir répondre à ma lettre; que l'inventaire n'étant pas fini, aussitôt qu'il en aurait tiré des lumières, il me répondrait. » Il convenait donc, dès ce temps-là, que M. Duverney ne lui avait donné aucune connaissance de ses relations avec moi; et depuis il a toujours fait plaider, toujours fait écrire qu'il n'avait trouvé dans les papiers de son bienfaiteur aucun renseignement sur l'arrêté double qui établit mon action.

Par cela seul, il est constant que toutes les allégations, tous les démentis, toutes les imputations de dol, de mauvaise foi, de fraude et de lésion, le magnifique superlatif d'*énormissime* dont on les a toujours décorées, n'ont jamais eu d'existence et de fondement que dans l'imagination du comte de la Blache. On voit que sa tête s'est échauffée par la frayeur de laisser échapper la plus petite partie de son legs immense

Et lorsqu'on réfléchit que, pendant quinze ans, un homme a désiré, soupiré, *cupidé* violemment une grande fortune, avec l'angoisse de la voir toujours incertaine, en la flairant toujours d'aussi près, on sent qu'à l'instant où elle lui est tombée il a dû s'en saisir avidement, trembler de la perdre, et la défendre et, quelque surabondante, la trouver encore au-dessous de sa soif hydropique, comme un homme excessivement altéré devient jaloux de tout ce qui a la faculté de boire, et voudrait seul engloutir toute une rivière.

Mais enfin ne saurait-on être avare honnêtement, sans être injuste indécemment? Si l'on doit quelque chose à ses goûts, ne doit-on rien à sa réputation? Une entière ignorance des faits, quelques allégations sans preuve, et force injures; voilà pourtant, depuis quatre ans, tout le sac de son procureur! Ajoutez à cela de l'intrigue et du mouvement, et vous savez par cœur tout le comte de la Blache.

Mais peut-être est-ce dans le fond, la forme et les termes de l'acte même, qu'il prétend puiser les moyens de soutenir l'arrêt qui *l'annule en entier, sans qu'il soit besoin de lettres de rescision.*

Examinons-en séparément tous les articles, et voyons si sa dissection lui fera perdre quelque chose de la mâle consistance qu'il tire de son ensemble. On peut le voir imprimé à la fin de ce mémoire; il est intitulé : *Compte définitif entre MM. Pâris Duverney et Caron de Beaumarchais.*

Ici, mon adversaire m'arrête tout court, et me dit : Ce que vous présentez n'est point un compte; c'est un écrit, une fausse apparence d'acte, qui devrait être précédée d'un compte.

Mais qui a dit à mon adversaire que cet acte était un simple compte dans l'acception où il le prend aujourd'hui?

S'agit-il plutôt d'un compte que je rends à M. Duverney que de celui qu'il me rend lui-même? N'y porte-t-il pas la parole pendant les cinq sixièmes de l'acte? Enfin cet acte offre-t-il autre chose que le débat de nos intérêts mêlés depuis dix ans, l'obligation du reliquat qui les fixe, et la transaction qui les sépare? et n'est-ce pas là ce que les praticiens appellent un acte synallagmatique ou obligatoire des deux parts?

Mais moi qui sais que c'est là sa manière de plaider, et qu'il l'appellerait un compte s'il était intitulé Acte; moi qui sais que l'ordonnance de 1667 prescrit les formes que les comptables, les tuteurs, les fermiers, etc., doivent donner aux comptes qu'ils présentent, mais n'assujettit à aucune forme les personnes majeures, les négociants ou intéressés en mêmes affaires, et qu'elle leur laisse la plus grande liberté sur la manière dont ils énoncent les parties qu'ils arrêtent ensemble; moi qui sais enfin que M. Duverney, qui se connaissait en actes un peu mieux que son légataire, a reconnu, *signé, daté* celui-ci, comme le tableau le plus exact de tous nos intérêts réciproques; je continue tranquillement à transcrire, à discuter cet acte, que j'ai divisé en seize parties, afin qu'étant plus morcelé, chaque article en parût plus clair.

« Nous soussignés, Pâris Duverney, conseiller d'Etat et intendant de l'Ecole Royale-Militaire, et Caron de Beaumarchais, secrétaire du roi, sommes convenus et d'accord de ce qui suit: »

Ainsi M. Duverney, qui a bien examiné, débattu, *signé, daté* cet arrêté de compte, déclare ici d'avance qu'on doit ajouter foi à tout ce qui va suivre. *Nous sommes convenus et d'accord de ce qui suit* · de sorte que, si ce qui suit n'est qu'une ineptie d'un bout à l'autre, nous étions, lui et moi, deux imbéciles, et si c'est une fourberie, nous en étions également complices, et nous nous donnions la torture inutilement pour arracher un jour au comte Falcoz quinze mille livres, ce qui eût pu se faire d'un trait

de plume ; et il n'y a rien de si probable que
toutes ces conjectures-là.

ARTICLE PREMIER. — Les comptes respectifs que nous
avons à régler ensemble depuis longtemps, bien examinés, débattus et constatés, moi Duverney, je reconnais que toutes les pièces justificatives de l'emploi de
divers fonds à moi, qui ont passé par les mains de
mondit sieur de Beaumarchais, sont claires et bonnes.

Arrêtons-nous un peu sur ces mots : « de
l'emploi de divers fonds à moi, qui ont passé
par les mains de mondit sieur de Beaumarchais ; » parce qu'ils exposent clairement que
les fonds dont il s'agit ne m'ont jamais été
prêtés ; qu'ils me sont absolument étrangers ;
et qu'ils n'ont pas dû entrer dans l'état des
sommes pour lesquelles il va exister un compte
entre M. Duverney et moi ; que je ne suis
qu'un tiers, un ami qui rend service, et par
les mains duquel ces fonds ont passé pour ses
affaires, et qu'il suffit, pour l'apurement de
cet article, que M. Duverney s'explique aussi
nettement qu'il le fait dans les phrases qui
suivent :

Je reconnais qu'il (*M. de Beaumarchais*) m'a remis
aujourd'hui tous les titres, papiers, reçus, comptes et
missives relatifs à ces fonds ; et *je le tiens quitte de
tout à cet égard envers moi* : à l'exception des pièces importantes sous les n° 5, 9 et 62, qui manquent
à la liasse ; et qu'il s'oblige de me rendre en mains
propres (c'est-à-dire à moi-même et non à d'autres),
le plus tôt qu'il pourra et en cas d'impossibilité, de
les brûler sitôt qu'il les aura recouvrées. »

L'ordre exprès de brûler les trois pièces importantes qui manquent à la liasse sous les
numéros 5, 9 et 62, en cas de mort, indique
assez qu'elles n'étaient point de nature à faire
jamais rentrer d'argent à M. Duverney ;
comme son légataire universel voudrait le
faire entendre. Loin que M. Duverney eût alors

exigé qu'on les brûlât, en cas d'impossibilité de les recouvrer de son vivant, il les aurait au contraire spécifiées; il en aurait ordonné l'emploi à sa fantaisie.

Le mot, *rendre en mains propres ou brûler* démontre tout seul que ces pièces n'étaient que des papiers dont l'importance consistait à rester à jamais inconnus; et je les aurais aujourd'hui, que je ne croirais pouvoir, sans manquer à la parole exigée, à la religion du secret, les montrer à personne. Je devrais les brûler comme je m'y suis engagé. Personne au monde ne peut représenter M. Duverney à cet égard.

Ainsi, lorsque lui, que cet article intéresse tout seul; lui qui a reconnu, *daté, signé* cet acte; lui qui savait bien de quelles affaires secrètes et personnelles à lui il s'agissait dans cet article premier, vous dit *que les pièces justificatives qu'on lui remet sont claires et bonnes, et qu'il me tient quitte de tout à cet égard ;* toutes les clameurs du monde ne pourront jamais faire naître sur son contenu le plus léger soupçon d'infidélité, de dol, de fraude ou de lésion.

Et c'est ce que le texte prouve aussi clairement que le commentaire.

ARTICLE II. — Je reconnais qu'il (*M. de Beaumarchais*) m'a remis aujourd'hui tous mes billets au porteur, montant ensemble à la somme de cent soixante mille livres, dont il n'a fait qu'un usage discret, duquel je suis content.

Si j'eusse formé le dessein d'abuser de l'amitié, de la confiance de M. Duverney, qui m'empêchait de rester comme j'étais? Je n'avais qu'à ne point compter, et garder ces cent soixante mille livres de billets au porteur, que j'avais depuis six ans dans mon porte feuille : il faudrait me les payer aujourd'hui. La seule action d'avoir sollicité l'occasion de les remettre, et celle de les avoir remis purement et simplement, sans les faire entrer dans notre compte, ne met-elle pas en évidence que l'esprit d'ordre et de justice en a balancé tous les articles?

Si vous m'opposez que je cherche à me donner un mérite que je n'ai point, parce que M. Duverney n'eût pas souffert, en arrêtant nos comptes, que ces billets restassent en mon pouvoir, ou que je les fisse entrer dans mon actif auquel ils n'appartenaient pas ; entendez-vous donc, monsieur : car, ou j'ai pu les faire entrer dans mon actif, et je ne l'ai pas fait ; et alors je ne suis pas l'homme injuste que vous inculpez ; ou bien je ne les ai pas fait entrer dans mon actif, parce que M. Duverney, en comptant avec moi, ne l'a pas souffert ; alors ne rejetez donc pas comme illusoire un arrêté de compte où chacun a si bien débattu ses intérêts.

Et vous prétendez qu'il y a contradiction entre mes écrits, parce que, dans la narration d'un fait arrivé en 1764, j'expose que M. Duverney m'a confié pour deux cent mille francs de ses billets au porteur, pour augmenter ma consistance personnelle en Espagne par un crédit de cette étendue sur lui, et que, dans un arrêté de compte fait en 1770, je ne lui remets que cent soixante mille francs de billets au porteur qui me restaient à lui.

Pour vous tranquilliser sur le trouble d'esprit qui, selon vous, m'a fait faire cette contradiction, je ne veux que vous rappeler deux phrases d'un détail historique et succinct de toute l'affaire, qui fut lu à votre conseil assemblé le... novembre 1770, par Me Mommet, mon notaire ; détail qui, pendant le travail du rapporteur Goëzman, lui a été présenté par

un homme digne de foi, en 1773, dans lequel
il est dit, page 2 :

En 1764, je fus en Espagne... M. Duverney me re-
mit en partant pour deux cent mille livres de ses
billets au porteur, avec offre de tout son crédit, afin
que je me présentasse armé de moyens connus et
d'un crédit fondé.

De deux cent mille francs de billets au porteur de
M. Duverney, il n..'en restait pour cent soixante mille
livres entre mes mains lors de notre arrêté de
compte, ci... cent soixante mille livres.

Ce n'est donc ni par contradiction ni par
trouble d'esprit que j'ai imprimé en 1774 que
M. Duverney m'avait prêté pour deux cent
mille francs de billets en 1764, quoique l'acte
de 1770 ne porte que la reddition de cent
soixante mille francs ; mais uniquement parce
que les quarante mille francs avaient été employés pour les affaires de M. Duverney; mais
uniquement parce que ces deux faits sont la
vérité, que j'ai dite en tout temps, sans jamais
l'altérer, quoiqu'elle vous soit quelquefois dé-
sagréable, et qu'en particulier celle-ci fût
étrangère à notre contestation.

Et cette remise de cent soixante mille francs
de billets qui vous paraît *contradictoire*, M. Duverney a reconnu, *daté*, *signé* qu'elle était
exacte et juste ; il a reconnu que je n'avais fait
qu'un *usage discret* de ces billets, dont il était
content : et cet *usage discret*, qui vous paraît *si
burlesque*, fut prouvé solidement, en ce que,
n'y ayant aucun aval de moi derrière ces billets, M. Duverney vit bien que je ne m'en étais
point servi pour mes besoins personnels, et
qu'ils n'étaient jamais sortis de mon porte-
feuille. Avançons. Je voudrais brûler la carrière, et je sens que je laboure.

Article III. — Distraction faite des fonds ci-dessus,
avec les sommes que j'ai personnellement prêtées à

mondit sieur de Beaumarchais, soit sans reçus, soit
avec reçus, ou billets faits à moi ou à un tiers pour
moi, je vois qu'il me doit, y compris le contrat à
quatre pour cent, passé chez Devoulges (des payements faits à la veuve Panetier et à l'abbé Hémar,
pour l'acquisition de sa charge de secrétaire du roi),
que j'ai de lui, et tous les arrérages dudit contrat
jusqu'à ce jour, la somme de cent trente-neuf mille
livres ; SUR QUOI...

C'est ici que commence l'arrêté de compte
entre M. Duverney et moi.

Que dit à tout cela le comte Falcoz ?

Que ma dette de cent trente-neuf mille livres *est un vrai galimatias employé avec affectation par moi;* et huit lignes plus bas que cet
article *est plein du trouble qui m'agitait en l'écrivant :* ainsi, selon le comte de la Blache, j'étais
à la fois assez *troublé* pour faire un *galimatias
sans le vouloir,* et assez *réfléchi* pour faire ce
galimatias avec affectation. Puissamment raisonné !

Mais enfin, qu'entendez-vous par cet excellent raisonnement ? Entendez-vous que je devais *plus* ou que je devais *moins* que cent trente-neuf mille livres ? Car vous qui parlez de
galimatias, vous êtes si clair dans vos obser-
vations, qu'on ne sait jamais trop bien ce que
vous voulez.

Est-ce plus que je devais ? Fournissez vos
titres : prouvez, et je tiens compte à l'instant
de ce *plus.*

Devais-je *moins ?* Quel intérêt avais-je à mettre *plus ?* Dans mon *affectation* réfléchie que
vous nommez aussi *trouble* d'esprit, ne pouvais-je pas également retrancher de cinquante-six mille livres, des sommes imaginaires,
pour tomber juste à ces malheureux quinze
mille francs ? Mais enfin c'est à vous encore à
prouver que M. Duverney ne m'a jamais prêté
que cinquante-six mille livres.

Je sens bien votre embarras ; cela est dur à dire, parce que cela contredirait les cris que vous ne cessez de faire contre moi sur les sommes immenses que j'ai coûté, dites-vous, à votre bienfaiteur.

Parce que cela contredirait surtout les preuves que je puis donner de quarante-quatre mille francs de reçus, ou billets entre ses mains, pour de l'argent dont il m'avait aidé dans l'acquisition d'une maison, et vous voilà dans l'étroit œillé de ne savoir aujourd'hui si vous devez contrarier cet article de cent trente-neuf mille livres en *plus* ou en *moins* : à bon compte vous le contrariez toujours, sauf à faire un choix quand je vous forcerai de motiver vos imputations : mais alors, comme nous serons deux, il faudra être conséquent, c'est-à-dire avouer que vous ne saviez au vrai ce que vous vouliez dire sur cet article : mais seulement que vous en vouliez beaucoup à cet article.

Pendant que nous sommes à pâlir, à sécher sur ces cent trente-neuf mille livres, anéantissons une autre prétention du comte de la Blache, qui soutient que je lui dois les arrérages et capitaux des contrats existants entre ses mains, et qu'ils ne sont point entrés dans ma dette énoncée au total cent trente-neuf mille francs : c'est l'affaire de deux petites questions et d'un peu d'ennui pour le lecteur.

Avez-vous, monsieur le comte, un seul contrat d'argent qui m'ait été prêté par M. Duverney, et passé chez Devoulges, notaire, pour aucun autre emploi que *les payements faits à la veuve Panetier et à l'abbé Hemar*, spécifiés dans l'article III? Celui-là, j'avouerai que je le dois, et qu'il n'est point entré dans les cent trente-neuf mille francs.

Avez-vous un contrat qui renferme en comman les *payements faits à la veuve Panetier et à l'abbé Hémar* dans un seul et même acte? En ce cas, je payerai tous les autres dont vous me prétendez débiteur.

Mais si, en examinant les contrats que vous avez, on trouve qu'ils sont uniquement composés des *payements* faits à ces deux créanciers de ma charge et non d'un autre emploi ; et si aucun de ces contrats ne contient un *payement* commun à ces deux créanciers de ma charge, il faudra bien, malgré vous, me permettre de raisonner ainsi.

Dans l'article III de l'acte du 1er avril, il est spécifié que portion des cent trente-neuf mille francs se compose *des payements faits à la veuve Panetier* : donc les sommes prêtées pour *les payements de la veuve* sont entrées dans les cent trente-neuf mille francs.

Dans cet article III il est spécifié que portion des cent trente-neuf mille francs se compose du *payement fait à l'abbé Hémar* : donc l'argent prêté pour faire le *payement de l'abbé* est entré dans les cent trente-neuf mille francs.

Aucun de ces contrats ne contient un *payement* fait en commun *à la veuve et à l'abbé*, seuls créanciers de ma charge : donc les divers contrats qui attestent les *payements* particuliers faits à l'un ou à l'autre sont tous entrés dans la dette de cent trente-neuf mille livres.

Donc, toutes les sommes avancées à Beaumarchais pour faire *les payements de la veuve Panetier et de l'abbé Hémar, relatifs à sa charge de secrétaire du roi,* et spécifiées dans l'article III, font partie de la créance de cent trente-neuf mille francs.

Donc, si Beaumarchais a payé cent trente-neuf mille francs à M. Duverney, il s'est entièrement acquitté envers lui de tout ce qui

est relatif aux titres et contrats de ces *payements* que le comte de la Blache lui présente
aujourd'hui.

Donc, si M. Duverney a reconnu, *daté* et *signé*
l'acte qui porte cet acquittement général, le
comte de la Blache n'a plus rien à demander
à Beaumarchais à cet égard.

Donc, si tout cela est fort ennuyeux, monsieur le comte, il faut au moins convenir que
tout cela est fort clair.

Pour couler à fond cet article, voyons en
effet si, lorsque j'ai payé cent trente-neuf
mille francs, M. Duverney me *reconnaît quitte
de tout envers lui.*

Après avoir déclaré dans cet article III que
la somme de cent trente-neuf mille francs
compose la masse de ma dette envers lui,
M. Duverney passe à l'examen des sommes avec
lesquelles j'entends m'acquitter de ces cent
trente-neuf mille francs; et, d'après l'énoncé
graduel et clair de tous mes acquittements, à
la fin de l'article VIII (1), il conclut ainsi : « Il
résulte que mondit sieur de Beaumarchais m'a
payé deux cent trente-sept mille francs, ce qui
passe sa dette de quatre-vingt-dix-huit mille
livres. »

Or, si en déduisant quatre-vingt-dix-huit
mille de deux cent trente-sept mille, on trouve
que la différence des deux sommes est cent
trente-neuf mille, il faudra bien conclure avec
M. Duverney que ma dette totale était de cent
trente-neuf mille francs, et non d'une autre
somme ou moindre ou plus forte. --

Et si on lit ensuite dans le même arrêté de
compte, à la fin de l'article XI (2), ces paroles
très-expressives de M. Duverney : « Au moyen
desquelles clauses ci-dessus énoncées, etc., je

(1) Voyez l'arrêté de compte à la fin de ce mémoire.
(2 *Idem.*

reconnais mondit sieur de Beaumarchais
quitte de tout envers moi »; on avouera que M.
Duverney n'aurait pas dit qu'il me reconnaissait *quitte de tout envers lui* si je fusse resté
son débiteur d'une somme quelconque au delà
des cent trente-neuf mille livres que je venais
d'acquitter, et dont il avait déclaré à l'article III que toute sa créance sur moi se com-
posait : et cette nouvelle preuve me paraît répandre une merveilleuse clarté sur les précé-
dentes.

Et si, dans un autre article de cet arrêté,
M. Duverney s'exprime ainsi : « Pour faire la
balance juste de notre compte, je me reconnais son débiteur de la somme de vingt-trois
mille livres, que je lui payerai à sa volonté,
sans qu'il soit besoin d'autre titre que le présent engagement, » on conviendra sans peine
que, si j'eusse dû à M. Duverney quelque
chose au delà des cent trente-neuf mille francs
que je venais d'acquitter, il ne déclarerait pas,
après m'avoir reconnu *quitte de tout envers lui*,
qu'il est mon débiteur en fin de compte d'une
somme de vingt-trois mille livres. Et cette
dernière preuve, ajoutée à toutes les autres,
me paraît ne laisser aucun doute sur la net-
teté de ma dette totale, montant à cent trente-
neuf mille livres, et non à une somme ou
plus modique, ou plus forte : ce qu'il fallait
démontrer.

Et tout cela parut si exact et si juste à
M. Duverney, qu'après avoir gardé trois jours
les deux doubles du compte, il m'en renvoya
un *daté et signé* de lui, n'en déplaise au comte
Falcoz de la Blache, que tout cela met au désespoir. Et millions d'excuses demandées au
lecteur, que je promène à travers un mémoire
hérissé de chiffres, comme une lande est four-
rée de bruyères; je sens que l'aridité de cette
discussion doit prodigieusement le dégoûter

de moi : « malheureusement c'est un travail inévitable.

ARTICLE IV.—L'article III finit, comme on l'a vu, par ces mots : « Je vois que M. de Beaumarchais me doit cent trente-neuf mille francs ; *sur quoi* » (c'est-à-dire sur laquelle somme). et l'article IV commence par ceux-ci : « Je reconnais et reçois ma quittance du 27 août 1761, de la somme de vingt mille francs... Plus, je reconnais ma quittance du 16 juillet 1765, de dix-huit mille francs... Plus, celle de neuf mille cinq cents livres du 14 août 1766. »

D'après un exposé si clair, peut-on s'empêcher d'admirer la sagacité, la vue de lynx de mon adversaire, qui découvre dans la première quittance de vingt mille livres un double emploi, une erreur insidieuse, une donation obscure, un bienfait détourné, un dol, une lésion, une fraude énormissime, etc.? Car tout cela est entré dans ses plaidoyers : et pourquoi ce train? parce que *mon billet au porteur*, sur lequel ces vingt mille francs m'avaient été prêtés, ayant été égaré par M. Duverney, dans la crainte qu'il n'ait été volé et qu'on ne vienne me le présenter un jour à payer une seconde fois; après ces mots : « Je reconnais et reçois ma quittance du 27 août 1761, de la somme de vingt mille francs, » M. Duverney ajoute ceux-ci : « que je lui avais remis *sur son billet* au porteur, en date du 19 août précédent, et qu'il m'a rendus sans en avoir fait usage, lequel billet au porteur s'est égaré dans mes papiers alors, sans que je sache ce qu'il est devenu ; mais que je m'engage de lui rendre, ou indemnité, en cas de présentation au payement; » ce qui est de toute justice.

Où donc est le double emploi, je vous prie? Quand un débiteur compte avec un créancier, auquel il a fait des payements partiels en divers temps, comment solde-t-il? N'est-ce pas en argent ou quittance?

Et puisque je fournis en acquittement à M. Duverney, sur le total de ma dette de cent trente-neuf mille livres, sa quittance de vingt mille livres, qui prouve que je les lui ai bien payées, n'est-il pas juste qu'il la reçoive à compte?

Et n'est-il pas juste aussi que mon billet au porteur, c'est-à-dire mon billet à *monsieur...* (en blanc), qui est le titre du prêt de vingt mille francs, me soit remis avec tous les autres *reçus, billets, contrats,* etc.?

Et si celui qui doit me rendre ce billet m'annonce *qu'il ne le pourra, parce qu'il l'a égaré,* n'est-il pas juste encore que ce billet, annulé par une quittance de pareille somme, soit spécifié dans l'arrêté *par sa forme au porteur, sa date du* 19 *août* 1761, *et sa somme de vingt mille francs?*

Si quelqu'un avait pris ce billet à M. Duverney; si vous l'aviez retrouvé vous-même dans les papiers de votre bienfaiteur; enfin, si on venait un jour me le présenter au payement, comment prouverais-je, sans cet énoncé exact, que ce billet est le même qui a été détruit et annulé par l'acte, comme étant acquitté?

« M. de Beaumarchais me doit au total cent trente-neuf mille livres, etc. » Voilà le texte. Voyons donc si nous avons autant déraisonné, M. Duverney et moi, que son légataire universel, plus grand clerc que nous deux, voudrait le faire entendre; et prenons pour exemple ce prétendu double emploi de vingt mille livres, qu'il a retourné de tant de façons dans ses écrits.

Voici comment nous procédions. Chaque fois que M. Duverney me remettait une somme, ou pour ses affaires, ou pour les miennes, il la couchait sur son bordereau, et

moi sur le mien, soit qu'il en retirât un reçu
ou non, comme cela se pratique.

A l'instant de faire notre compte général,
M. Duverney me dit : Commençons par distinguer l'argent que vous avez touché pour
mes affaires, de celui que je vous ai prêté pour
les vôtres. A mesure qu'il nommait les sommes, je présentais les pièces justificatives de
l'emploi des fonds pour lui ou je passais la
somme à mon débet.

De cette façon de procéder s'est formé le
premier article de l'acte, étranger à moi,
comme on l'a vu ; et le troisième article qui
renferme la masse de tout ce qu'il m'a prêté,
*tant par contrat que sans reçus, avec reçus ou bil-
lets*, montant à cent trente-neuf mille francs,
comme on l'a vu aussi.

Dire maintenant, avec une déraison bien
piquante par le ridicule, que le billet de vingt
mille francs dont il s'agit n'est pas compris
dans les mots *reçus* ou *billets* qui complètent
les cent trente-neuf mille livres, c'est non-
seulement nier l'évidence, c'est aller contre la
lettre expresse de l'acte, mais c'est regarder
M. Duverney comme un imbécile, qui, dans
trois quittances qu'il reçoit en libération, ne
se serait pas aperçu que la première de vingt
mille francs portait sur une somme non comprise dans les cent trente-neuf mille livres.

La clarté du texte brûle ici les yeux : tous
les mots transitoires en sont sacramentels.
« M. de Beaumarchais me doit cent trente-neuf
mille francs ; *sur quoi* je reconnais et reçois
ma quittance de vingt mille francs ; *plus*, celle
de dix-huit mille francs ; *plus*, celle de neuf
mille cinq cent livres. » Le mot *sur quoi* n'an-
nonce-t-il pas évidemment que c'est sur les
cent trente-neuf mille francs qu'on va imputer
les trois quittances suivantes? et les mots
plus et *plus* ne prouvent-ils pas, sans réplique,

que la première quittance est absolument de même nature que les deux autres? D'où il est plus clair que le jour que la quittance de vingt mille francs, plus ancienne en date, est là comme premier objet de libération sur les cent trente neuf mille livres; et l'énoncé de mon billet au porteur spécifié par *sa somme*, *sa formule* et *sa date*, comme simple précaution contre l'avenir, parce que ce billet est égaré.

Il est donc évident que les vingt mille francs qui sont entrés, par le prêt qu'on m'en a fait, dans mon passif cent trente-neuf mille livres, repassent dans mon actif par cette quittance; et, c'est si bien l'esprit de l'acte en entier, que la même forme y est partout observée.

Témoin les soixante-quinze mille livres passées d'abord à mon actif, article vi, comme étant avancées par moi dans l'affaire des bois de Touraine, et rentrés dans celui de M. Duverney, article ix (1), par la cession qu'il me fait de tout l'intérêt des bois.

Témoin les huit mille francs d'intérêts de ces soixante-quinze mille livres, passés à mon actif dans cet article ix, par la promesse que M. Duverney me fait de me les payer, et rentrés dans le sien, par le refus que je fais de ces huit mille francs à l'article xvi (2).

On perd patience à expliquer des choses si lumineuses : les commenter, c'est les affaiblir ; c'est disputer, c'est nier l'évidence ; c'est oublier que l'homme qui a reconnu, *daté* et *signé* ce compte est M. Duverney, l'un des plus éclairés citoyens du siecle.

Je ne dois pas omettre ici que les deux quittances de dix-huit mille livres et de neuf mille

(1) Vérifiez toutes ces citations dans l'acte à la fin du mémoire.
(2) *Idem.*

cinq cents livres qui suivent celle de vingt
mille n'ont jamais été contestées (avant l'arrêt) : et qu'ainsi ce qu'on en a dit depuis ne
signifie rien pour ou contre la cassation de cet
arrêt.

ARTICLE V. — Plus, je reçois en payement la défalcation de la rente annuelle viagère de six mille livres que j'ai dû fournir à mondit sieur de Beaumarchais, aux termes de notre *contrat, en brevet,* passé
chez Devouges le 8 juillet 1761 : lesquels arrérages
n'ont été fournis que jusqu'en juillet 1762 (à cause
de plus fortes sommes que je lui ai prêtées alors), et
qui se montent aujourd'hui à quarante-six mille
cinq cents livres.

Sur ce chef, mon adversaire, aussi juste dans
ses conséquences qu'honnête dans ses principes, a toujours raisonné ainsi : « Cet article
présente un contrat en brevet de six mille
livres de rente viagère au capital de soixante
mille francs ; donc, ce contrat en brevet n'est
pas un contrat, c'est une donation ; et puisque
ce contrat, qui est une donation, est fait en
brevet, cette donation est nulle. » Admirable!

Mais pourquoi ne donne-t-il pas à ce contrat quelque nom plus bizarre encore? Dès
qu'il ne s'agit pour lui que de ne pas voir ce
qui est écrit, et de voir ce qui n'est pas écrit;
dès que l'énoncé le plus exact et le plus clair ne
l'arrête pas dans ses honnêtes conjectures, il
aurait aussi bonne grâce dans une supposition que dans l'autre.

Il va plus loin dans son nouveau mémoire;
et nous relèverons ses beaux raisonnements à
l'article VIII, en traitant du capital de cette
rente.

Il suffit ici de faire remarquer au lecteur le
puéril étonnement du comte Joseph, qui ne
peut concevoir comment, ayant soixante mille
francs placés à dix pour cent sur M. Duver-

ney, en attendant qu'il me les plaçât à trente
dans les vivres de Flandre, je ne me faisais
pas rendre ce capital, plutôt que d'emprunter
d'autres sommes à M. Duverney, qui me les
prêtait à quatre pour cent, et quelquefois sans
intérêts : cela est en effet si difficile à concevoir pour le raisonneur, qu'il aime mieux user
deux grandes pages à débattre sa puérile observation, que de reconnaître la simplicité
d'une marche aussi naturelle.

Serait-ce sur les arrérages de la rente qu'il
voudrait que j'eusse fait porter cette absurde
compensation ? C'est encore pis. C'est vouloir
qu'au lieu d'emprunter de l'argent dont j'avais
besoin, j'eusse exigé des arrérages qui ne
m'étaient pas dus, puisque cet argent me fut
prêté en 1761, et qu'aux termes de l'acte les
arrérages de la rente m'avaient été payés jusqu'en 1762. La seule chose raisonnable était
de cesser de payer les arrérages de la rente,
pour les défalquer un jour en comptant sur
ces prêts d'argent, et c'est précisément ce que
nous avons fait.

Il faut qu'un avocat ait bien peu de choses
a dire pour enfler son mémoire de pareilles
inepties ! ou plutôt j'imagine voir le comte de
la Blache qui vient le presser, le harceler pour
en obtenir un mémoire. — Eh ! mais où sont
vos titres ? lui dit l'avocat ; vous ne me fournissez que des allégations ! — Eh bien ! faites-
les valoir. — Cela vous est bien aisé à dire. —
Mon ancien défenseur m'aurait fait vingt mémoires là-dessus, lui ! Il a bien trouvé le moyen
de faire gagner ce procès au parlement de 1771,
en avril 1773. — Cela se peut, monsieur le comte ;
mais nous sommes en novembre 1774 au conseil du roi ; c'est bien différent ; on n'y débat
que la forme des arrêts sans les entamer au
fond. Enfin, pour plaire à son client, l'avocat,
forcé de parler, a dit les belles raisons que je

vicns de relever, et plusieurs autres que je relèverai encore.

ARTICLE VI. — Plus, je me reconnais débiteur de mondit sieur de Beaumarchais de la somme de soixante-quinze mille livres, pour les fonds qu'il a mis dans l'affaire des bois de la haute forêt de Chinon, où il est intéressé pour un tiers, dans lequel je me suis associé avec lui pour les trois quarts, avec engagement de faire ses fonds et les miens, aux termes de notre traité de société du 16 avril 1767; lesquels fonds je n'ai point faits, mais bien lui.

De la part du légataire universel, c'est toujours la même logique. Il dit : « Un traité de société est ici spécifié dans l'acte; donc ce traité de société n'a jamais existé. » Point d'autres raisons; jamais d'autres preuves : et il appelle cela *des défenses !*

On se persuade aisément que des défenses de cette nature ne sont qu'un prétexte pour dire beaucoup d'injures à celui qu'on *hait* depuis longtemps *comme un amant aime sa maîtresse.*

Dans la première partie de cet écrit, j'ai prévenu rapidement que M. Duverney s'était engagé envers mes augustes protecteurs d'augmenter ma fortune. Si d'exposer de nouveau tout ce qui servit à fonder cet arrêté de compte, est un historique étranger à la cause que je défends aujourd'hui, il ne l'est point au fond du procès; il ne l'est point à l'opinion publique. Les honnêtes gens surtout me sauront gré de n'avoir voulu rien laisser d'obscur sur cette partie de ma vie, si odieusement attaquée, après en avoir autant éclairé le reste.

Forcé de rappeler d'honorables bienfaits, comme premiers chaînons des événements qui ont amené cette horrible affaire, au moins mon cœur y gagnera de faire éclater sans indiscrétion, après douze ans de silence, une reconnaissance que le seul respect a pu renfermer si longtemps dans moi-même.

Oui, je le dis, et mes amis savent bien que je le dis sans regret, je devrais être un des plus riches particuliers de mon état ; et, sans le malheur opiniâtre qui m'a toujours poursuivi, je le serais sans doute.

O monsieur Duverney, vous l'aviez promis, solennellement promis à monsieur le Dauphin, à madame la Dauphine, père et mère du roi, aux quatre princesses tantes du roi ; devant toute la France, à l'Ecole militaire, la première fois que la famille royale y vint voir exercer la jeune noblesse, y vint accepter une collation somptueuse et faire pleurer de joie à quatre-vings ans le plus respectable vieillard.

O l'heureux jeune homme que j'étais alors ! Ce grand citoyen, dans le ravissement de voir enfin ses maîtres honorer le plus utile établissement de leur présence, après neuf ans d'une attente vaine et douloureuse, m'embrassa les yeux pleins de larmes, en disant tout haut : « Cela suffit, cela suffit, mon enfant; je vous aimais bien, désormais je vous regarderai comme mon fils : oui, je remplirai l'engagement que je viens de prendre, ou la mort m'en ôtera les moyens. »

J'ai dit qu'il m'avait procuré quelques petits intérêts qui, changés en argent, et gardés par lui-même en attendant le renouvellement du traité des vivres, me formaient sur lui une rente viagère de six mille francs au principal de soixante mille livres.

La compagnie des vivres s'étant renouvelée sans qu'il pût m'y faire entrer, dans la crainte qu'on ne l'accusât d'avoir manqué de chaleur en cette occasion, il avait imaginé d'acquitter d'un seul coup ses promesses, en me prêtant cinq cent mille francs pour acheter une charge que je devais lui rembourser à l'aise sur le

produit des intérêts qu'il me promettait dans
de grandes entreprises. On voit que je dis
tout, et que ma gratitude est franche, autant
que ses procédés furent généreux. Eh! pourquoi le cacherais-je? il fallait bien que cela fût
ainsi! Aurais-je accepté, sans cet espoir, un
prêt de cette importance? il n'en fallait pas
tant pour me ruiner!

Mais l'affaire, quoique consommée, ayant
été rompue par des événements dont le récit
est plus essentiel au roman philosophique de
ma vie qu'à l'histoire ennuyeuse de mon procès, au bout de six mois, j'avais reperdu mes
espérances, il avait retrouvé ses fonds, et tout
était rentré dans l'ordre accoutumé.

Cinquante-six mille francs seulement, restés
à lui sur ma charge de secrétaire du roi, en
augmentant un peu mon état, diminuaient
encore mon aisance, puisque je lui payais
quatre pour cent d'un argent qui m'en rap-
portait à peine trois.

Il m'avait encore prêté depuis, sur de simples reçus, quarante-quatre mille francs, pour
m'aider dans l'acquisition d'une maison. Mais
payer le loyer d'un logement où l'intérêt de
l'argent qui me l'avait acquis, cela revenait au
même : on sent que je n'en étais pas plus riche. D'ailleurs cet argent n'était pour moi
qu'une espèce d'avance de six mille francs
d'arrérages de ma rente viagère, que je n'ai
plus exigés depuis à cause de ces prêts d'argent qui les avaient absorbés pour longtemps.

Il m'avait confié pour deux cent mille francs
de ses billets au porteur en 1764, lorsque je
fus en Espagne : mais c'était à condition que
je n'en ferais aucun autre usage que de les
dépenser, en cas d'affaire majeure, pour augmenter ma consistance, par un crédit de cette
étendue sur lui.

Tout cela méritait bien de ma part un dévouement parfait à ses intérêts ; mais tout cela n'augmentait ni n'assurait ma fortune : il le sentait, il avait la générosité de s'en affliger, et ne se croyait point quitte envers moi, quoique ma reconnaissance envers lui fût sans bornes.

Enfin, voyant son crédit sur les affaires générales à peu près tombé en 1766, il me pressa de former une compagnie pour acquérir sur le roi deux mille arpents dans la forêt de Chinon, et de me réserver un tiers dans l'entreprise.

Le tiers d'intérêt dans une affaire qui exigeait plus de cinq ou six cent mille francs d'avance! à moi qui vivais modestement de mes revenus, et qui ne pouvais détourner un sou de mon capital sans me couper absolument les vivres! on sent bien que cela ne pouvait me convenir, à moins qu'un fort capitaliste ne se joignît à moi. C'est ce que fit M. Duverney.

Par un traité de société particulier entre nous deux, il prit trois quarts dans mon tiers, à la charge de faire ses fonds et les miens: ce qui me laissait, pour mon travail, un douzième sans fonds dans les bénéfices de l'affaire. Voilà l'époque et le fondement de notre association sur les bois de Touraine.

On peut encore se rappeler qu'en 1765, de la vente d'une charge à moi, j'avais touché soixante dix mille livres, et que de cet argent je lui avais remboursé dix huit mille livres, et neuf mille cinq cents livres qui avaient produit deux des trois quittances dont il s'est agi plus haut dans l'acte ; enfin que j'avais jeté le reste de mes fonds dans l'affaire commune.

Depuis, avantageusement marié, je continuai de verser de l'argent dans cette affaire, avec d'autant plus de facilité que j'avais deux garants; l'entreprise qui m'en répondait, et

M. Duverney, pour qui je payais; ce qui m'acquittait d'autant envers lui.

Voilà comment, en 1770, je lui offris en acquittement ma mise de fonds dans cette entreprise, montant à quatre-vingt-trois mille francs en capitaux et intérêts; ce qui forma les articles VI et VII de notre arrêté, dont je viens d'établir encore une fois le fondement.

Et de tout ce que j'ai dit, il en existe plus de preuves morales, physiques et publiques, qu'il n'en faut pour convaincre et persuader tout ce qui n'est pas le légataire de M. Duverney. Lettres et recommandations bien respectables, grande notoriété d'événements, contrat existant de cinq cent mille francs, certificat d'un dépôt de cent mille livres, charge de secrétaire du roi, maison acquise, charge à moi vendue soixante-dix mille francs, récépissés de la caisse de ma compagnie pour quatre-vingt-trois mille livres, etc., etc.

Et le comte Falcoz de la Blache ne veut pas qu'il soit résulté de tout cela un arrêté de compte entre M. Duverney et moi, dont le reliquat aille à quinze mille livres! Il m'intente un procès atroce pour éluder de me les payer! Et ce procès, il le soutiendra sans preuves jusqu'à extinction de poumons! Il ira jusqu'à déshonorer, s'il le faut, le jugement de son bienfaiteur, plutôt que d'en avoir le démenti? Et cet homme était un parent éloigné de M. Duverney, qui lui a laissé toute sa fortune! Et ce riche légataire jouit à présent de plus de deux cent mille livres de rente! et il en aurait encore douze mille de plus, s'il eût pu faire signer à son bienfaiteur mourant un acte arrangé pour les enlever à sa respectable mère, qui les tenait de M. Duverney son oncle! Et il en aurait douze mille de moins s'il

n'eût pas constamment empêché M. Duverney
de faire le moindre bien à son propre frère,
gentilhomme aussi considéré que mon adversaire est reconnu avide! Et M. Duverney me
disait quelquefois : « En laissant tout mon
bien à Falcoz, que j'ai créé, avancé, marié,
enrichi, je crois donner un soutien, un père à
tous mes parents... » Rouvrez les yeux, s'il
se peut, malheureux testateur! voyez ce père
et ce soutien de vos parents, les chicaner, les
plaider tous l'un après l'autre, sur les moin-
dres objets qu'il n'a pu leur ôter entièrement.
Je ne suis pas le trentième qu'il ait voulu dépouiller. O honte! Et l'on est étonné que l'indignation s'empare de moi quelquefois! J'en
demande bien pardon aux magistrats, aux
lecteurs, au public, au vicomte de la Blache,
à la marquise sa mère, à toute cette famille
respectable; mais au comte Falcoz... Ah! je
sens que cela m'est impossible.

ARTICLE VII. — (Toujours M. Duverney qui parle.)
Plus, je me reconnais son débiteur de la somme
de huit mille livres, pour les intérêts de soixante-
quinze mille livres, ainsi que je conviens de les
porter.

La manière dont mon adversaire a prétendu détruire ces intérêts a été de faire plaider partout qu'ils étaient encore plus chimé-
riques que les capitaux; puisqu'à l'époque de
l'arrêté de compte, je n'avais pas fait, dit-il,
vingt mille livres de fonds dans l'affaire des
bois de Touraine.

Et ma réplique, à moi, c'est un relevé des
divers inventaires de ma compagnie, et autres titres, comme récépissé de caisse, quittances du comptable, etc., par lesquels il est
prouvé qu'à l'époque de cet arrêté j'avais fait
quatre-vingt trois mille livres de fonds en capitaux et intérêts dans cette affaire. Toujours

des allégations sans preuve de sa part, toujours des titres de la mienne. On voit que
nous marchons sur deux lignes bien différentes; mais il le faut ainsi, puisque nous
soutenons des propositions aussi diverses.

ARTICLE VIII. — Plus, comme j'exige qu'il (*M. de
Beaumarchais*) me rende la grosse du contrat de
six mille livres viagères qu'il a de moi, quoiqu'il ne
dût me le remettre que dans le cas où je ferais quelque chose pour lui, ce que je n'ai pu; et que j'en
reçois le fonds en quittance de la somme de
soixante mille francs aux termes dudit contrat ; il
résulte que mondit sieur de Beaumarchais m'a payé
deux cent trente-sept mille livres; ce qui passe sa
dette de quatre-vingt-dix-huit mille francs.

M. Duverney, ne pouvant exiger l'extinction
de cette rente onéreuse, que dans le cas où il
m'en placerait avantageusement le capital
dans les vivres ou autre entreprise lucrative,
et cet ami n'ayant pu remplir ses engagements, on sent que je lui donnais une marque
de respect et d'attachement en consentant
que cette rente s'éteignît, et que les soixante
mille francs qui la fondaient fissent partie de
mon acquittement envers lui.

A la vérité, ce placement a dix pour cent en
viager était une faveur qu'à mon âge je n'aurais pu me flatter d'obtenir de personne : mais
reconnaissance à part, ne pouvais-je pas garder cette rente viagère?

Sur cent trente-neuf mille livres que je devais, je venais d'en payer quarante-sept mille
cinq cent en trois quittances; ce qui réduisait
ma dette à quatre-vingt-onze mille cinq cent
livres.

Les arrérages de ce contrat non payés depuis près de huit ans accumulés à quarante-
six mille cinq cents livres, réduisaient encore
ma dette à quarante-quatre mille cinq cents
livres.

Et cette somme, je pouvais la défalquer sur celle de soixante-quinze mille livres que j'avais avancées dans l'entreprise des bois de Touraine, et qu'il devait me rembourser.

Mais il voulait que le contrat fût rendu : le respect m'y a fait consentir : la rente à dix pour cent s'est éteinte : et je n'ai en échange qu'un affreux procès contre son légataire universel.

Il est vrai que mon adversaire me reproche que le contrat qui a été déclaré *fait en brevet* dans l'article V est ensuite appelé *grosse* à cet article VIII : et sur ce seul mot de *grosse* il court s'armer d'un certificat du successeur de Devoulges, notaire, pour nous prouver que la minute de ce contrat, que nous lui avons bien déclaré avoir été *fait en brevet*, c'est-à-dire sans minute, par le devancier de ce notaire, ne se trouve point chez lui; et il en conclut que, puisqu'on ne trouve point la minute d'un contrat qui a été passé sans minute, la *grosse* qui m'a été délivrée *en brevet* n'est qu'une chimère et n'a jamais existé.

Comme si le mot de *grosse* répugnait à signifier le *titre exécutoire* d'un acte quelconque, et n'était pas même une expression consacrée pour désigner, non le contrat dont la minute existe ailleurs, mais le titre avec lequel seul on peut juridiquement poursuivre un débiteur : ce qui fait que, dans le cas de l'*acte en brevet*, la personne de cet acte est en même temps la minute, la grosse et l'expédition, et se trouve également bien désignée par l'une de ces trois expressions dont le mot *fait en brevet* fixe absolument le sens.

Ou plus rigoureusement encore ; comme si, dans un acte sous seings privés, fait entre gens de bonne foi, lorsqu'une chose a tellement été désignée, qu'il soit impossible de se méprendre à sa nature, un mot plus ou moins technique , employé pour la rappeler seulement, pouvait anéantir cette chose et rendre nul l'acte qui la contient.

Je crains de n'être pas encore assez clair.

Je suppose donc que M. Duverney crût avoir assez bien désigné dans son testament son légataire universel par ces mots : *je constitue Alexandre-Joseph de Falcoz de la Blache, mon parent*, etc.; et qu'en rappelant plus loin ce légataire à quelques devoirs sacrés, comme celui d'acquitter les engagements qu'il laisse après lui, sans procès ni conteste, il eût employé cette expression au hasard : *lequel comte de la Blache sera tenu*, etc.... Et qu'un homme, plein d'humeur sur ce testament, vînt à s'élever contre, en poursuivît avec acharnement la nullité ; soutenant que le testament n'est qu'une *chimère*, une *fausse apparence*, une *illusion*, en un mot *rien* ; parce que, si le testateur eût voulu, dans un acte aussi sérieux, désigner le sieur *Falcoz* pour son légataire, il ne l'eût-pas nommé tantôt *la Blache* et tantôt *comte*.

Et si cet homme enfin, pour soutenir un procès aussi détestable, ajoutait que M. Duverney, ayant de fort dignes parents très-proches, il n'est pas naturel qu'il ait été préférer, etc., etc.; qu'un pareil testament est fort suspect, etc., etc. ; que le choix du légataire est bien extraordinaire, etc.; que la signature et la date pourraient bien être, etc., etc. Et mille autres raisons de cette force, assaisonnées d'injures.

Que penserait le comte Alexandre-Joseph de cette odieuse chicane ? Ne dirait-il pas que l'antre affreux du monstre n'a jamais vomi de plaideur plus âpre et d'aussi mauvaise foi ? Mais enfin, armé d'un testament bien *daté*, bien *signé* le M. Duverney, le légataire universel ne craindrait point, etc., etc.. etc., et le légataire universel aurait raison.

Il en est ainsi de ce *contrat en brevet* dont M. Duverney, qui en connaissait bien la légitimité, reçut de ma part la remise comme une preuve de ma déférence; et cela, quoique nous eussions fait la faute énorme entre nous d'en rappeler le *titre exécutoire* par le nom bien absurde de *grosse*.

Ah! monsieur le comte de la Blache! si votre bienfaiteur était là!..... Cet homme, en tout si supérieur aux formes, et qui se piquait bien moins de recherche dans ses expressions que de noblesse dans ses actions! lui qui soutint votre enfance avec tant de générosité! dont l'argent et le crédit vous ont fait faire un si beau chemin! dont la sagesse en tout temps guida votre inexpérience, et qui, couronnant tant de bienfaits par le don entier de sa fortune, y aurait même ajouté celui de sa magnanimité, si un codicile en pouvait transmettre l'héritage! ne vous dirait-il pas, en vous voyant traîner aussi honteusement sa mémoire et son nom de tribunaux en tribunaux: Ah! que vous êtes dur envers nous, mon héritier! Les notaires de province ont toujours usé de cette expression, *duquel contrat* LA GROSSE *a présentement été par nous délivrée* EN BREVET; personne avant nous ne s'en est plaint: dans vos écrits, vous excusez vous-même en eux ce manque d'élégance notariale, dans des actes publics, en faveur de ce qu'ils sont notaires de province et non de capitale! Et vous ne voulez pas la passer à notre bonhomie dans un acte privé! nous qui n'avons été notaires en aucun lieu du monde! Ah! que vous êtes dur envers nous, mon cher héritier!

Dans cet article VIII, après avoir apaisé les vapeurs du client, il n'est pas hors de propos de rendre hommage à la bonne foi de l'avocat qui prétend prouver, par les termes de l'article même, que si ce contrat en brevet a jamais existé, c'était une libéralité pure : et la preuve est que M. Duverney, parlant dans cet article, dit impérativement : « J'exige qu'il me rende ce contrat, quoiqu'il ne dût me le remettre que dans le cas où j'aurais fait quelque chose pour lui; ce que je n'ai pu. » Et là, le citateur, s'arrêtant tout court, nous fait un commentaire de deux grandes pages sur cette portion morcelée du texte, pour établir dans l'acte un faux emploi sur une libéralité imaginaire; et le lecteur, qui n'a pas ce texte sous les yeux, ne sait plus que penser, son esprit est ébranlé.

Mais, lecteur ! ne vous ai-je pas prévenu que ce mémoire était partout un chef-d'œuvre de simplesse et de bonne foi ? Lisez, je vous prie, la partie du texte écartée par mon loyal adversaire : après ces mots : *ce que je n'ai pu,* vous y verrez ceux-ci que M. Duverney ajoute : *et j'en reçois le fonds* (de ce contrat) *en quittance de la somme de soixante mille livres, aux termes dudit contrat.*

Donc, aux termes de ce contrat, les soixante mille livres avaient été fournies par moi; donc cette rente était fondée sur un capital reconnu; donc l'article invoqué pour prouver que c'était une libéralité démontre évidemment le contraire; donc mon indignation est toujours légitime.

Oh ! que c'est un méprisable métier que celui d'un homme qui, pour gagner l'argent d'un autre, s'efforce indignement d'en déshonorer un troisieme, altère les faits sans pudeur, dénature les textes, cite à faux les autorités, et se fait un jeu du mensonge et de la mauvaise foi !

Pour moi, si j'avais l'honneur d'être avocat, je croirais bien avilir ma noble profession en me chargeant d'une cause si mauvaise, que je ne pusse la défendre que par ces vils moyens que l'on tolère à peine à la plus basse chicane.

Heureusement ce tort n'est jamais celui d'un célèbre avocat. Toujours scrupuleux dans ses choix, il sait longtemps souffrir avant de manquer à son noble caractère : s'il épouse de bonnes causes, il ne se prostitue point aux mauvaises, convaincu qu'un plaidoyer insidieux commet encore plus le défenseur que le plaideur. La haine peut aveugler celui-ci ; mais l'autre est froid, rien ne l'excuse ; et sitôt qu'il sort en plaidant des moyens que l'honneur ou la loi lui prescrit, il n'est plus à mes yeux qu'un de ces vils champions du temps féodal qui se jetaient dans l'arène, et, sans s'informer qui avait tort ou raison, y livraient le combat indifféremment pour tout le monde, au prix déshonorant d'un peu d'or.

ARTICLE IX. — (Toujours M. Duverney.)

Pour remettre de la balance dans notre compte, j'exige de son amitié qu'il résilie notre traité des bois de Touraine : par ce moyen, le tiers que nous y avons en commun lui restant en entier, les soixante-quinze mille livres qu'il a faites pour nous deux dans l'affaire lui deviennent propres et il ne sera dans le cas d'essuyer jamais aucune discussion ni procès de la part de mes héritiers ; ce qui ne manquerait pas de lui arriver s'ils me succédaient un jour dans cette association comme le porte l'article IV de notre traité de société : mais pour le dédommager de l'appui qu'il perd aujourd'hui pour la suite d'une affaire dans laquelle je l'ai engagé, et qui devient lourde et dangereuse, je lui tiens compte des huit mille livres convenues pour l'intérêt des soixante-quinze mille livres, qui ont dû courir jusqu'à ce jour pour mon compte, et je promets et m'engage de lui fournir en forme de prêt, d'ici à la fin de la présente année, la même somme de soixante-quinze mille livres, pour l'aider à faire les nouveaux fonds que l'affaire exige, desquelles soixante-quinze mille livres je ne recevrai point d'intérêt pendant huit ans que peut durer encore l'entreprise), du jour du prêt ; lequel terme expiré ils me seront remboursés par lui, ou, en cas de mort, à mon neveu Paris de Mézieu, son ami, que j'en gratifie : et si mondit sieur de Beaumarchais aime mieux alors en passer contrat de constitution à quatre pour cent que de rembourser, il en sera le maître.

Cet article est si étendu, si net, qu'il porte avec lui son commentaire. Une seule réflexion me saisit en lisant les précautions que M. Duverney a cru prendre ici contre les maux qu'il prévoyait dans l'avenir.

O prudence humaine! de quel poids es-tu sur les événements? Le plus sage des hommes alarmé pour moi de la haine de son légataire, me force à résilier une société avantageuse pour que je n'aie jamais de querelle avec cet homme ; et cette résiliation même est un des points d'appui du plus exécrable procès de la part de ce légataire! ô prudence humaine!

Au reste, les plaidoyers de mon adversaire sur cette transaction, ainsi que sur tous les autres articles de cet acte, n'ont jamais été qu'une négation formelle, un démenti, une accusation de dol, de fraude et de lésion *énormissime*.

Mais, après la mort de votre bienfaiteur, vous avez écrit à Beaumarchais que vous ne savez rien des affaires qui avaient été entre lui et votre bienfaiteur : dans tous les temps, vous avez plaidé que vous n'aviez trouvé dans les papiers de ce même bienfaiteur aucun renseignement pour ou contre le titre qu'on vous oppose : et vous soutenez que ce titre et les choses qu'il contient ne sont que des chimères !

O monsieur le comte! cette persuasion obscure, ce puissant motif de croire sans preuve, admis peut-être en d'autres cas, est une monnaie qui n'a pas cours en justice : on y oppose les actes aux actes, les lettres aux lettres, les raisons aux raisons, et le dédain aux injures. Quand je dis le dédain aux injures, je parle de l'effet qu'elles produisent sur l'esprit des juges; car l'homme outragé n'en a pas moins droit à des réparations authentiques, et je les ai toujours réclamées.

ARTICLE X. — (Toujours M. Duverney.) Et pour faire la balance juste de notre compte, je me reconnais son débiteur de la somme de vingt-trois mille livres, *que je lui payerai à sa volonté, sans qu'il soit besoin d'autre titre que le présent engagement.*

Cet article est-il clair? est-ce une *illusion?* est-ce une *fausse apparence,* qu'un acte où le reliquat du compte est fixé par sa somme, avec obligation expresse de l'acquitter à volonté, *sans qu'il soit besoin d'autre titre que le présent engagement?* Si un tel acte n'est plus sacré parmi les hommes, et s'il peut être arbitrairement annulé, tout est rompu, le lien social est brisé, plus de sûreté dans sa patrie: il faut fuir aux pays où les propriétés sont au moins respectées.

Mais non, il faut rester en France, et rappeler seulement à ses juges que cet acte est reconnu, *daté, signé* par M. Duverney; et que, tant que cette signature n'est pas entamée, il n'y a pas d'acte plus respectable en finance, en commerce, et je prends, à ce sujet, la liberté de donner le plus ferme démenti à celui qui a osé imprimer que, dans quatre parères ou jugements sur cette affaire, émanés de quatre chambres du commerce de ce royaume, il y en a un qui ne décide pas le procès en ma faveur. Heureusement M. le rapporteur les a tous dans ses mains.

S'il est toléré quelquefois de raisonner faux, ô avocat! il est ordonné de toujours citer juste, ô honnête homme!

ARTICLE XI.—Au moyen desquelles clauses ci-dessus

énoncées, *remise* par mondit sieur de Beaumarchais *de titres, papiers, reçus, billets au porteur, grosse du contrat* de six mille livres *de rente viagère;* résiliation du traité sur les bois; reconnaissance de mes quittances : arrêté de compte, etc. Je reconnais mondit sieur de Beaumarchais quitte de tout envers moi.

Si le lecteur ennuyé n'a pas vingt fois jeté ce mémoire, et s'il a dévoré le dégoût de le lire jusqu'à cet article xi, je le supplie de relire encore une fois non le mémoire, mais l'article, pour se bien pénétrer de la bonne foi, de la candeur avec laquelle mon adversaire a discuté cet acte.

En le relisant, je supplie en grâce le lecteur de se rappeler que le comte légataire n'a cessé de lui assurer « qu'aucune pièce justificative n'a été remise de ma part; que l'acte en fait foi, et que si le contrat de six mille livres de rente viagère a jamais existé, c'est à moi de le montrer, puisque je dois l'avoir dans mes mains. » Enfin. je supplie le lecteur de comparer des notions aussi infidèles avec cet article xi, destiné par M. Duverney à reconnaître que la « remise des titres, papiers, reçus, billets au porteur, *grosse du contrat de six mille livres de rente viagère,* a été effectuée par mondit sieur de Beaumarchais. »

Et lorsque dans cet article, qui fait le résumé de tout ce qui précède, on voit M. Duverney reconnaître en toutes lettres que *le traité sur les bois a été résilié; que ses quittances ont été par lui acceptées;* que *notre compte est clos et arrêté;* lorsque ce résumé finit par ces mots si positifs : *Je reconnais mondit du sieur Beaumarchais quitte de tout envers moi,* peut-on s'empêcher d'être indigné de la mauvaise loi avec laquelle le comte de la Blache s'est efforcé de verser le désordre et la confusion sur le plus clair, le plus juste et le plus lumineux des actes?

Acte où tous les objets, présentés d'abord en masse, puis en détail, puis en résumé, ont ensemble une relation si exacte et si pure!

Acte dont le comte Falcoz a toujours avoué n'avoir jamais connu aucun antécédent!

Acte qu'il n'en accuse pas moins, malgré cette ignorance, avec une intrépidité qui fait monter au cerveau des bouffées d'impatience...

O monsieur le comte de la Blache, en vous voyant faire un si indigne métier depuis quatre ans pour m'enlever quinze mille francs, qui pourrait être étonné de vous voir possesseur d'un legs de quinze cent mille francs, sachant que vous y avez travaillé pendant quinze ans?

ARTICLE XII.— (Toujours M. Duverney.)—*Je promets et je m'engage de lui remettre*, à sa première réquisition, la grosse en parchemin du contrat à quatre pour cent de sa charge de secrétaire du roi. comme m'ayant été remboursée avec tous les arrérages jusqu'à ce jour. Plus, *je m'engage de lui remettre* tous ses reçus, billets, missives, etc., de toutes les sommes qu'il a touchées de moi, par moi ou par un tiers. sous quelques formes que ces reconnaissances se trouvent, soit *dans sa dette personnelle*, soit pour les fonds qu'il a touchés *pour d'autres affaires*, et notamment son billet au porteur du 19 août 1761. de vingt mille livres, qui s'est égaré dans mes papiers.

Cette convention, toute simple dans le temps de l'arrêté de compte, est devenue d'une grande importance, aujourd'hui que M. Duverney est mort sans m'avoir rendu ni contrats, ni reçus, ni billets, ni aucun des titres que cet article détaille.

Mais par quelle étonnante subversion de principes, lorsque je les demande à mon adversaire, qui représente à cet égard M. Duverney, prétend-il se faire un titre contre moi de ce qu'il ne me les rend pas? Je ne les ai pas trouvés sous le scellé, dit-il; donc ils n'ont

jamais existé. Quelle équité! quelle logique!
il n'en sortira pas.

Voici ma réponse : elle est plus conséquente.

M. Duverney, suivant la lettre de notre acte,
s'était *expressément engagé*, par cet article, *de
me remettre tous ces titres à ma première réquisition :* il a toujours différé, quoique je n'aie
cessé de les lui demander pendant deux mois :
mes lettres en font foi; mais à son décès j'é-
tais mourant moi-même à la campagne, je ne
pus envoyer, moins encore aller chez lui; il
est mort sans me les avoir remis.

Et ces titres, que je réclamais et réclame
encore, sont les contrats de cinquante-six
mille francs; tous les reçus, billets ou reconnaissances de moi qui forment le complément
de cinquante-six à cent trente-neuf mille livres, c'est-à-dire environ quatre-vingt-deux
mille livres qu'on me ferait payer quand on
voudrait, si l'arrêt n'était pas cassé. Plus,
toutes mes reconnaissances d'argent reçu par
lui pour ses affaires personnelles, et qu'on
peut aussi me faire payer dans le même cas.

Ainsi voilà pour plus de cent mille livres de
reçus ou billets de moi qui sont disparus
d'une façon bien étrange dans le secrétaire de
M. Duverney à l'instant de sa mort. Que
sont-ils devenus?

Pour éviter l'embarras de la discussion,
mon adversaire tranche la question d'un seul
mot. Ces titres n'ont jamais existé, dit-il; et
sa preuve est que, puisque les contrats se sont
trouvés sous le scellé, le reste s'y fût trouvé
de même s'il eût existé.

N'allons pas si vite, monsieur le comte : ceci
n'est point du tout clair. L'acte du 1er avril ne
porte-t-il pas que je suis débiteur de cent trente-
neuf mille livres? Cet acte n'atteste-t-il pas
que les titres en existent en *contrats, reçus, billets,* dans les mains de M. Duverney?

Or, en nous présentant aujoud'hui des expéditions de contrats, dont la minute est chez un notaire, ce qui rendait leur soustraction inutile à celui qui enlevait tout le reste, prétendez-vous nous bien prouver que plus de cent mille francs de reçus ou billets de moi qui étaient avec ces contrats chez M. Duverney n'ont jamais existé? La seule chose que vous prouviez est qu'on s'est abstenu d'enlever de son secrétaire, à sa mort, tout ce qu'il était inutile d'en ôter. Pas davantage.

Et comme il m'est très-important de constater que je devais à M. Duverney beaucoup plus de cinquante-six mille trois cents livres, parce qu'il m'est très-important de conserver le droit rigoureux d'en réclamer les titres, aux termes de notre acte, je ferai la preuve, et même légale, que M. Duverney m'a prêté, sur de simples reconnaissances, en un seul article, quarante-quatre mille livres en sus de cinquante-six mille, pour m'aider à payer une maison que j'achetais; je prouverai le reste avec la même évidence.

Et le comte de la Blache, qui m'a tant reproché partout d'avoir coûté plus de quatre cent mille livres à M. Duverney, aura beau se contredire assez étourdiment pour vouloir réduire au prêt de cinquante-six mille francs ces immenses bienfaits sur lesquels il m'a tant injurié, il n'en sera pas moins prouvé que M. Duverney m'a prêté les cent trente-neuf mille francs spécifiés dans notre acte, et dont je réclame les titres acquittés. Que sont-ils donc devenus ces titres? Voilà ce à quoi il faut répondre sans biaiser.

Pressé par cet argument, prétendez-vous que M. Duverney m'a remis ces cent mille livres et plus de titres? Mais c'est ce que M. Duverney n'eût jamais fait si une libération définitive ne m'avait pas acquitté de ces sommes envers lui. Or il n'y a jamais eu entre nous d'autre libération réciproque et définitive que l'acte du 1er avril 1770; et dans cet acte, M. Duverney ne me rend pas mes titres: il *s'oblige* seulement *de me les rendre à ma première réquisition :* que sont-ils devenus ? Votre réponse n'y satisfait point, ou bien il faut en conclure que l'acte du 1er avril est excellent.

M. Duverney les a-t-il brûlés comme inutiles à mes intérêts, et de garde dangereuse pour ses secrets? Mais c'est certainement ce qu'il n'aurait pas fait, s'il n'avait pas existé dans mes mains et dans les siennes un acte antérieur qui les annulât. On ne perd pas de gaîté de cœur pour plus de cent mille livres de titres actifs contre son débiteur. Et cette seconde supposition prouve aussi nécessairement que la première l'existence et la légitimité de l'acte du 1er avril 1770, ou bien elle laisse encore sans réponse mon éternelle question : que sont devenus tous ces titres de créance que je réclame?

Enfin M. Duverney n'a-t-il remis ni brûlé de son vivant ces reçus de moi montant à plus de cent mille livres? Ils existent donc, en quelque endroit qu'ils soient. Mais pour le coup, s'ils sont disparus aussi étrangement, il ne saurait y avoir de supercherie de ma part. Vous ne direz pas que je me suis rendu invisible pour les aller enlever du secrétaire de M. Duverney pendant sa dernière maladie. J'étais mourant à la campagne; et vous savez bien, monsieur le comte, que ce n'est pas moi qui me suis emparé de ses derniers moments.

Articuler positivement que vous les en avez ôtés, c'est ce que je ne ferai point; car je ne sais ce qui en est : non que je ne le pusse avec bien plus de fondement que vous n'en mettez dans vos honnêtes présomptions contre l'acte,

Car enfin il est de notoriété dans la famille de M. Duverney que vous ne quittiez point sa chambre pendant sa dernière maladie.

Il est de notoriété dans cette famille que, surmontant la douleur de perdre votre bienfaiteur, vous avez eu le sang-froid de faire tenir, le jour de sa mort, un notaire, avec un acte à signer, enfermé quatre heures dans sa garde-robe, attendant un moment de demi-connaissance qui ne revint plus au malade.

Dans cette famille, il est constaté par vos aveux mêmes que, surmontant l'amour filial, vous aviez destiné cet acte à faire passer sur votre tête les bienfaits qu'un oncle généreux avait placés sur celle de sa nièce, votre digne et respectable mère !

Et il est évident que, puisque vous avez tenté de faire une telle chose, vous étiez le maître absolu de l'intérieur de cette chambre.

Et mon père, à qui j'ai conté ce trait de votre amour filial, ne voulait pas absolument le croire.

Et lorsqu'il s'y est vu forcé, il s'est écrié : *Mon Dieu ! que cette dame est malheureuse !* Car mon père ignorait qu'elle eût un second fils aussi tendre et respectueux que l'aîné fut toujours dur envers elle,

Et ce vieillard chéri s'est mis à pleurer de joie de ce que vous n'êtes pas son fils, ou de ce que son fils n'est pas vous.

Et vous voyez bien que si l'on voulait sur ces données proposer un problème, il n'irait pas mal ainsi :

Un légataire universel était maître absolu de la chambre du testateur mourant sans connaissance ; ce légataire était assez injuste pour vouloir dépouiller sa mère : il avait assez de sang-froid pour oser le tenter en ces moments affreux : il avait la liberté de faire entrer dans cette chambre un notaire pour en faire signer secrétement l'acte au testateur. Dans le secrétaire du testateur, auprès de son lit, étaient des titres dont il importait fort au légataire de dépouiller un sien ennemi. Ces titres ne se sont pas trouvés sous le scellé du testateur après sa mort. On demande qui l'on peut soupçonner de les avoir détournés ? L'on n'exige qu'une grande probabilité pour solution.

Quoi qu'il en soit de cette solution, si ces titres, à la levée des scellés, ne se sont point trouvés dans le secrétaire, celui qui les en a ôtés est celui-là même qui s'est emparé du double de l'acte, du traité des bois résilié et biffé, du contrat en brevet de soixante mille livres, et des trois quittances de vingt mille, de dix-huit mille et de neuf mille cinq cents livres. Le tout devait y être ensemble : et n'est-ce pas là le cas où jamais de dire : *Is fecit cui prodest* ? Celui-là le fit à qui il importait de le faire.

Mais comme on n'aurait écarté tous ces titres que pour combattre l'acte avec plus d'avantage, par l'obscurité que cette disparition répandrait sur ses clauses, il faut avouer que cette explication adoptée produirait tout juste un effet contraire, puisqu'elle supposerait nécessairement existant dans le secrétaire cet acte qu'on voulait obscurcir, annihiler, diffamer, en se permettant la soustraction des titres qui l'auraient rendu inexpugnable. Et voilà que je commence à n'être plus si en peine de ce que sont devenus tous ces titres que je réclame et même tous ceux que je ne réclame point.

Enfin, sous quelque aspect qu'on envisage la disparition de plus de cent mille livres en titres actifs contre moi, attestés par l'acte du 1er avril, dès qu'il est constant que je devais

'cent trente-neuf mille livres; dès qu'il est constant que leurs titres existaient, soit qu'on
veuille que M. Duverney me les ait remis, soit
qu'il les ait brûlés comme inutiles, soit qu'on
les ait enlevés de son secrétaire à sa mort,
leur non-existence au scellé prouve invinciblement et nécessairement la véracité de l'acte
du 1er avril, entre M. Duverney et moi.

Résumons. J'ai droit de réclamer ces contrats, ces reconnaissances, cette foule de pièces qui peuvent me nuire en des mains étrangères. Je vous les demande armé d'un titre,
et vous me faites un tort de ce que vous ne
me le rendez pas; et de ce que vous ne me
le rendez pas, vous en concluez vicieusement qu'ils n'ont jamais existé! Puis, faisant
de cette conclusion vicieuse le principe d'une
autre conclusion plus vicieuse encore, vous
ajoutez: ces titres n'ont jamais existé; donc
l'acte qui les atteste et les réclame est chimérique et frauduleux.

Mais si vous parveniez à faire confirmer
l'arrêt (ce qui fait frémir à penser), lorsqu'un
jour vous viendriez me demander le payement
de ces cent mille livres, qu'aurais-je à vous
répondre? Quoi? que vous avez tort de me
les présenter à payer, parce que vous avez
soutenu en plaidant que ces titres n'existaient
pas?

A la vérité, me diriez-vous, ils n'existaient
pas au scellé; mais je les retrouve entre les
mains de M. Tel, à qui M. Duverney les avait
confiés : vous les deviez, vous les avez avoués;
enfin les voici : l'acte qui en portait l'acquittement est annulé; donc il faut les payer.

Je vous jure, monsieur le comte, que je ne
répliquerais pas un mot, tant ce raisonnement me semblerait juste : aussi n'est-ce pas
vous alors qui auriez tort envers moi, mais
bien l'arrêt d'annulement.

Ainsi désarmé, dépouillé, blessé deux fois par une arme à deux tranchants, après avoir payé cent mille francs à M. Duverney, j'aurais perdu mon procès, parce que les titres n'en existaient pas au scellé; et le procès perdu, je serais tenu de les payer à son légataire une seconde fois, parce que ces titres existaient ailleurs. Etes-vous bien résolu maintenant de presser la confirmation de l'arrêt? Voilà pourtant ce qui en résulterait contre moi.

ARTICLE XIII. — (Toujours M. Duverney qui parle.)— Plus, je m'engage à lui rendre toutes les lettres, papiers, sollicitations, etc., que la famille royale m'a faits ou fait faire pour lui, et qu'il appelle ses lettres de noblesse.

Vous vous êtes bien gardé, monsieur le comte, de produire au procès ces précieuses sollicitations qui ont fondé l'attachement de M. Duverney pour moi. Vous avez craint qu'on ne vît, dans les recommandations les plus pressantes, la source d'une amitié sur laquelle vous vouliez répandre un nuage funeste à mon existence et à la mémoire de votre bienfaiteur. Mais vous me les rendrez toutes; car j'en ai des copies; et elles ont été inventoriées : une lettre de l'exécuteur testamentaire me l'atteste. Vous aviez intérêt à les taire; vous n'en avez rien dit nulle part; et c'est le seul point de tous vos plaidoyers où vous ayez été conséquent.

Seulement, à la page 45 de votre dernier mémoire, lorsque vous voulez établir qu'en 1771 je n'avais pu placer soixante mille livres à dix pour cent sur M. Duverney, vous glissez bien insidieusement une prétendue phrase d'un de mes billets, daté de juillet 1762, c'est-à-dire d'un an après, où vous me faites écrire ces mots : *pour sortir du malheur opi-*

niâtre qui me poursuit.. et vous en concluez que je n'avais rien, puisque j'étais si malheureux.

Citateur fidèle et toujours de bonne foi ! montrez-le donc aux juges, ce billet où j'écrivais les mots que vous citez ! ils verront de quelle main respectable est le billet ; ils verront de quel endroit il est daté ; ils verront qu'il porte cette phrase : *nous voudrions bien qu'il pût sortir enfin du malheur opiniâtre qui le poursuit!* et non *qui me poursuit !*

Alors, se rappelant que mes augustes bienfaitrices savaient bien que M. Duverney s'était obligé de me faire avoir un intérêt dans les vivres de Flandre, et, de ne l'avoir pu, qu'il m'avait prêté cinq cent mille livres pour acquérir une charge qu'on m'avait enlevée ; et que tous les efforts de la plus puissante protection ne m'avaient servi qu'à me procurer les modiques fonds dont M. Duverney me faisait depuis un an la rente à dix pour cent ; ils concluront que ce billet, plein de bonté, de grâce et d'intérêt, ne prouve pas en 1762 que je n'eusse point placé une somme en 1761, mais que beaucoup d'efforts généreux en ma faveur n'avaient eu depuis aucun succès.

Alors, pour échapper un moment au dégoût d'une discussion aussi triste, ils réfléchiront avec moi que, *dans le malheur opiniâtre qui me poursuivait,* et m'empêchait de réussir à rien, j'étais pourtant la plus fortunée créature du monde, puisque, d'un côté, ce qu'il y avait de plus grand, de plus vertueux et de plus auguste en France ne dédaignait pas de me recommander en termes aussi pressants à M. Duverney, et que de l'autre, le plus digne ami avait la bonté de s'affliger de ne pouvoir m'arracher, malgré tous ses efforts, *au malheur opiniâtre qui me poursuivait.*

Ainsi toujours pauvre et battu des événements; marchant sans arriver; toujours prêt d'être riche et ne l'étant jamais; mais ma reconnaissance l'emportant sur mes chagrins; j'étais serein, j'étais gai, tranquille, et, s'il faut l'avouer, bien plus heureux de tant devoir qu'infortuné de ne rien avoir.

Telle a toujours été ma vie. Souvent désolé, mais toujours consolé, je me suis moins affecté de mes pertes qu'occupé de leurs dédommagements.

Aujourd'hui même que je crois avoir éprouvé plus de malheurs qu'il n'en faut pour lasser la patience de douze infortunés, je suis d'un sang-froid qui va jusqu'à donner de l'humeur à mes ennemis. Ils ne me trouvent pas assez à plaindre, parce qu'il me reste encore du courage; ils voudraient me voir les yeux cavés, le visage abattu, l'air bien morne et bien désolé.

Depuis quatre ans, à la vérité, je me suis vu mal aisé, maltraité, mal attaqué, mal dénigré, mal jugé, mal dénoncé, mal blâmé, mal assassiné; j'ai perdu ma fortune et ma santé; tous mes biens sont encore saisis, et je plaide pour les ravoir; ce qui achève le tableau.

Mais enfin, comme il est bien prouvé que tout ce qu'on m'a fait on me l'a fait tout de travers, cela est-il donc sans ressource? Mes ennemis, pour m'avoir déchiré, m'ont-ils accablé? Le funeste arrêt qui a tenté de me flétrir y est-il donc parvenu? Les brigands qui m'ont poignardé cette automne empêchent-ils que je ne sois au monde? Le comte Falcoz a-t-il bien gagné son indigne procès? Sera-ce un lourd mémoire, une plate épigramme ou une mauvaise chanson qui me mettront au désespoir? N'ai-je aucune espérance de rentrer dans mes possessions? Ne vit-on pas longtemps avec une mauvaise santé? Ne suis-je pas occupé à me pourvoir contre cet arrêt du blâme? Enfin la tourbe de mes ennemis est-elle donc si triomphante?Eh? mes sieurs, au lieu de vous dépiter de ce que je ne suis pas plus malheureux, rougissez, en comparant votre sort au mien, de n'être pas plus heureux vous-mêmes!

A mon égard, depuis longtemps je sais bien que vivre c'est combattre; et je m'en désolerais peut-être si je ne sentais en revanche que combattre c'est vivre.

Ce petit repos vous a-t-il délassé, lecteur? Pour moi, je me sens mieux. Remettons-nous en marche. Le chemin est pénible, escarpé; mais l'honneur est au bout. Il y a longtemps que ceci n'est plus pour moi un procès d'argent.

ARTICLE XIV.— Plus, je m'engage à lui faire tenir un de mes grands portraits du meilleur maître, pour le don duquel il me sollicite depuis longtemps.

Dans ma première partie, j'ai dit, monsieur le comte, que vous aviez été fort étonné qu'un pareil engagement fût entré dans un arrêté; mais nous avons coulé cet article à fond : la redite en serait inutile.

Rappelez-vous seulement que c'est la première chose que je vous ai demandée dans mes lettres. Je ne serai pas généreux sur cet article, je vous en avertis. Ce portrait si longtemps promis est celui d'un homme à qui je dois bien plus que de l'argent; je lui dois le bien inestimable de savoir m'en passer et d'être heureux. Il m'apprit à regarder l'argent comme un moyen, et jamais comme un but. C'était un grand mot qu'il disait là.

Il n'est plus, cet ami généreux, cet homme d'état, ce philosophe aimable, ce père de la noblesse indigente, le bienfaiteur du comte de la Blache et mon maître! Mais j'avoue que le plaisir d'avoir reconquis son portrait, mesuré sur le chagrin de sa longue privation, sera l'un des plus vifs que je puisse éprouver. Telle est l'inscription que je veux mettre au bas.

Portrait de M. Duverney promis longtemps par lui-même, *exigé* par écrit de son vivant; *disputé* par son légataire après sa mort; *obtenu* par sentence des requêtes de l'hôtel; *rayé* de mes possessions par jugement d'un autre tribunal; *rendu* à mon espoir par arrêt du conseil du roi; définitivement *adjugé* par arrêt du Parlement de..., *à son disciple Beaumarchais*, etc.

C'est ainsi que, depuis la satisfaction des besoins les plus matériels jusqu'aux plus délicates voluptés d'une âme sensible, tout me paraît fondé sur le sublime et consolant principe de la compensation des maux par les biens.

Ce portrait de M. Duverney renouvelle en moi le souvenir vif et pressant de ce grand citoyen; et le cabinet d'un particulier me paraît un lieu trop obscur pour qu'il y soit placé dignement. Il a trop mérité de la patrie en fondant une éducation convenable à tous les fils de nos défenseurs; il a trop mérité de son siècle en le rendant rival de celui qui assura la retraite de ces mêmes défenseurs, pour qu'on ne lui assigne pas une place très-honorable.

Il manque à l'Ecole-Militaire un mausolée de ce grand homme. On l'avait forcé de laisser prendre en marbre un buste de lui pour ce digne emploi. Le comte de la Blache, à sa mort, a refusé ce buste à l'Ecole-Militaire.

Puisse-t-il, arraché à l'avarice, y être placé par mes mains, avec cette inscription : *Elevé par la reconnaissance à l'ami de la patrie.* Et c'est à quoi seront employés tous les dommages et intérêts auxquels une poursuite injurieuse me donne un droit incontestable. J'en indique exprès l'usage, afin qu'on ne les épargne pas. Hors cet emploi de prédilection, ils appartenaient aux pauvres. Mais la charité n'est qu'une vertu; la reconnaissance est un devoir; elle aura la préférence.

ARTICLE XV.— (Toujours M. Duverney.) —J'exige de son amitié qu'il brûle toute notre correspondance secrète, comme je viens de le faire de mon côté, afin qu'il ne reste aucun vestige du passé; et j'exige de son honneur qu'il garde toute sa vie le plus profond secret sur ce qui me regarde, dont il a eu connaissance.

Cet article est la preuve que ce n'est pas moi qui me suis réservé la liberté de brûler des lettres et de pièces importantes, comme mon adversaire l'a plaidé, mais qu'on l'a exigé de mon *amitié, de mon honneur*, et qu'on m'a fait exprès cette loi dans un acte qui pouvait devenir public un jour, afin que la publicité même de la défense me punît de ma lâche infidélité par le déshonneur, si jamais je m'en rendais coupable, et c'est le motif que M. Duverney m'a donné lui-même de la volonté obstinée qu'il a mise à faire insérer cet article dans l'acte.

Quant à ce qui me regarde, ai-je mis le moindre mystère aux objets de notre compte? Ils ne pèchent que par trop de clarté, de prolixité, puisque leur étendue seule a fourni le prétexte à mon adversaire de les commenter, expliquer et travailler à sa manière : de sorte que, dans ses écrits on trouve toujours pour résultat de sa logique que je suis un fripon, un sot; son bienfaiteur, un imbécile : l'acte, une ineptie d'un bout à l'autre; lui, comte Falcoz, un adversaire très-modéré, très-équitable, et maîtres tels et tels, de grands orateurs. *Plaudite manibus.*

ARTICLE XVI.— Et moi, Caron de Beaumarchais, aux clauses et conditions ci-dessus énoncées, je promets et m'engage de remettre, *demain pour tout délai*, à mondit sieur Duverney, les pièces essentielles qui lui manquent sous les n°s 5, 9 et 6? Plus, le traité de société entre nous sur les bois de Touraine, que je résilie, uniquement par respect pour le désir qu'il en a, dans un moment où j'aurais le plus besoin d'appui dans cette affaire, et quoiqu'il m'eût été bien plus avantageux que mondit sieur prît pour son compte tout le tiers d'intérêt que nous y avons en commun, comme je l'en sollicite depuis longtemps. Je refuse les huit mille livres de l'intérêt des soixante-quinze mille livres avancées; mais j'accepte le prêt de soixante-quinze mille livres comme une condition rigoureuse de la résiliation, et sans laquelle elle n'aurait pas lieu, et au défaut duquel prêt le traité reprendrait toute sa force. Ainsi, pour la juste balance de notre compte, je réduis ma créance sur mondit sieur Duverney à la somme de quinze mille livres ; lesquelles payées, le contrat à quatre pour cent, les lettres, papiers, reçus, billets remis, et le prêt de soixante-quinze mille livres effectué, je reconnais mondit sieur Duverney quitte de tout envers moi. Et pour tous les articles de cet arrêté *fait double* entre nous, nous donnons à cet écrit sous seings privés toute la force qu'il aurait par-devant notaires, avec promesse d'en passer acte à la première réquisition de l'un de nous. A Paris, le 1er avril 1770. Signé *Pâris Duverney* et *Caron de Beaumarchais.*

Ce dernier article, le plus long de tous, fait la clôture de notre acte : mais quelque net qu'il paraisse, il n'a pu échapper à la censure de mon adversaire. Il prétend d'abord que je m'y donne les airs d'un homme qui récompense les complaisances de son inférieur par un modique présent de huit mille livres. C'est ainsi qu'il qualifie le refus que je fais des huit mille francs d'intérêts des soixante-quinze mille livres *que j'avais avancées* pour M. Duverney. On reconnaît partout votre manière équitable de présenter les objets : toujours le même, monsieur le comte, toujours.

Mais puisque l'affaire des bois me devient personnelle, puisqu'on me fournit les moyens de la continuer avec avantage, et que les fonds que j'y ai faits restent pour mon compte, ne serait-il pas injuste à moi d'en percevoir les intérêts? Je refuse modestement la générosité qu'on a voulu m'en faire; et vous donnez à cet acte de justice un nom odieux! Que serait-ce donc si je l'avais acceptée! Ma société devant me payer un jour ces huit mille livres d'intérêt, j'en aurais reçu seize au lieu de huit pour l'intérêt de soixante-quinze mille livres; et c'est alors que j'aurais fait un double emploi malhonnête.

Ainsi vous trouvez dans l'acte des doubles emplois partout où il n'y en a point, et vous me reprochez de n'en avoir pas fait un au seul endroit où il serait certainement, si j'avais pensé comme vous en réglant mes comptes.

De quelque façon que je m'y prenne, on voit que je n'aurais jamais raison avec un adversaire aussi cauteleux; son système est de me tendre des piéges sur toutes les phrases de cet acte. « Vous m'imposez (a-t-il imprimé quelque part) la peine de renouer la société pour les bois, si je ne vous prête pas soixante-quinze mille livres. Mais pour reprendre cette société, il faudrait que le traité en existât : vous l'avez résilié, biffé, annulé; vous l'avez rendu, et tout est consommé à cet égard. Puisque de reprendre l'engagement de cette société était la seule peine prononcée par vous-même contre le défaut de fournissement des soixante-quinze mille livres et que vous ne pouvez me forcer de reprendre les engagements d'un traité inconnu qui n'existe plus, je ne suis tenu de faire ni l'un ni l'autre. »

N'est-ce pas là, monsieur le comte, votre raisonnement dans toute sa splendeur? Je n'ai

pas cherché à l'affaiblir en le rapportant.
Voyons si ma réponse aura quelque mérite à
vos yeux; c'est à votre bienfaiteur que je
l'adresse.

Entendez-moi, monsieur Duverney, je vous
en conjure.

Par notre arrêté de compte, vous avez exigé
que je vous remisse, *le lendemain, pour tout
délai,* le traité de notre société résilié et biffé,
je l'ai fait par déférence. Vous ne vous êtes
réservé dans notre acte aucune option sur le
prêt, puisque vous en avez fait l'indemnité de
la résiliation d'une société qu'il vous importait d'éteindre. Moi seul, en acceptant le fournissement de soixante-quinze mille livres, je
m'étais réservé le droit de vous forcer à reprendre cette société, en cas que je ne pusse
arracher de vous le prêt d'argent qui était le
prix de la dissolution. Mais après avoir fait
votre choix, après m'avoir ôté des mains le
traité résilié, vous croyez-vous en droit, pour
me ruiner, de revenir à choisir entre deux
obligations la seule que vous avez rendue im-
praticable? Au défaut de celle-ci, l'obligation
du prêt ne demeure-t-elle pas dans toute sa
force?

Pour être conséquent, je vais donc vous
poursuivre pour le fournissement de l'argent
convenu; et si tous vos biens ne sont pas suffisants pour le remplir, alors seulement je
conviendrai que j'ai eu tort de vous rendre un
traité biffé, par lequel, en vertu de l'alternative
que je m'étais réservée, je vous forcerais aujourd'hui de supporter tout le poids d'une affaire dont vous vous êtes allégé à mes dépens.

Tant que vous avez vécu, monsieur, je n'ai
pas eu besoin d'employer ce langage sec et rigoureux : vous étiez juste, grand, généreux;
mais vous n'existez plus malheureusement,

et vos représentants n'ont hérité que de vos biens.

J'ai dit plus haut que, de quelque façon que je m'y prisse, je n'aurais jamais raison avec un adversaire aussi cauteleux que le mien. Je vais plus loin ; il m'était impossible d'éviter de plaider avec lui. Par son humeur pour une demande de quinze mille francs, jugez quelle eût été sa rage contre moi, si l'arrêté de compte qu'il rejette n'avait pas été fait du vivant de M. Duverney ? Aux prétentions du comte de la Blache j'opposerais :

Trois quittances valant.	47.500 liv.
Un contrat en brevet de.	60.000
Les arrérages à dix pour cent depuis 1762 jusqu'en 1770.	46,500
Un traité de société, dont les fonds à rembourser.	75,000
L'intérêt porté à.	8,000
TOTAL.	237,000 liv

Réduirait-il alors mes débets à cinquante-six mille livres ? Au contraire, il serait bien désolé de ne pouvoir pas m'opposer pour plus de cent trente-neuf mille francs de titres ?

Or, cette somme défalquée de deux cent trente-sept mille livres me laisserait aujourd'hui créancier, et créancier rigoureux de quatre-vingt-dix-huit mille francs : ou j'aurais sur lui une rente viagère de six mille livres, et il serait chargé seul du poids des fonds et de l'embarras de suivre l'affaire des bois de Touraine.

Et si j'avais été l'homme infâme pour lequel le comte de la Blache voudrait bien me donner, à cette créance légitime de quatre-vingt-dix-huit mille livres j'aurais pu joindre la créance abusive de cent soixante mille francs de billets au porteur. Le comte Falcoz aurait beau crier aujourd'hui, gémir, imprimer que

Je suis un monstre, il faudrait acquitter ces billets, et, au lieu de quinze mille francs, me payer deux cent cinquante-huit mille livres.

Je ne rougis point d'avoir eu des obligations à M. Duverney, et le seul bien de cette odieuse affaire est de m'avoir fourni l'occasion d'en publier ma reconnaissance ; mais je me glorifie d'avoir été assez heureux pour lui rendre à mon tour de très-grands services. J'ai passé ma vie à faire du bien au delà de mes moyens, et à mériter la réputation d'homme juste qui m'est aujourd'hui contestée : et depuis quatre ans le comte de la Blache m'a outragé de toutes les manières possibles pour une misérable somme de quinze mille livres.

L'humeur me gagne ; il est temps de m'arrêter. Je crois avoir prouvé que les trois pièces sous les nᵒˢ 5, 9 et 62 sont des objets étrangers à mon compte ; qu'elles ne sont point des titres à argent ; et que, si je ne les avais pas rendues, j'aurais dû les brûler. Je crois avoir solidement établi que la remise des cent soixante mille francs de billets au porteur, avant d'entamer le compte, est un trait d'équité de ma part qui reflète avantageusement sur tout le reste de l'acte ; ou, sous un autre point de vue, une preuve incontestable que chacun y veillait à ses intérêts. Je crois avoir prouvé que je ne devais au total, à M. Duverney, que cent trente-neuf mille francs ; que je les ai bien payés ; que les quinze mille francs qui me sont dus par le résultat ne peuvent m'être contestés ; que le fournissement des soixante-quinze mille livres doit être effectué sans délai, aux termes de l'acte, et que, loin que les intérêts du comte de la Blache se trouvent lésés par cet arrêté de compte, il doit à ma seule équité de n'avoir point à remplir envers moi des engagements immenses ; qu'indépendamment de l'injustice de ses prétentions au fond, la forme de l'arrêt qui lui a donné gain de cause est vicieuse de tout point, et que cet arrêt ne saurait subsister.

Mais quand on se rappellera, monsieur le comte, tout ce que j'ai fait pendant six mois pour ne point avoir de procès avec l'héritier de mon bienfaiteur : quand on verra mes lettres remplies d'égards, vos réponses pleines de hauteur!

Quand on se rappellera le dépôt volontaire de mon acte chez M⁰ Mommet, notaire; l'invitation réitérée que je vous ai faite d'y amener les amis et les commis de M. Duverney, qui tous vous ont blâmé de m'intenter cet indigne procès!

Quand on se rappellera l'honnêteté de mes propositions à votre conseil assemblé ; l'offre que j'ai faite de les prendre pour arbitres, quoique vos amis, et celle de leur envoyer mon blanc-seing!

Lorsqu'on se rappellera comment votre avocat d'alors m'a longuement injurié pour de l'argent dans ses plaidoyers et mémoires, comment vous m'avez ensuite accusé d'avoir fabriqué de fausses lettres de Mesdames, afin qu'on en induisît que j'avais pu fabriquer un faux acte ; et comment, vous joignant enfin au rapporteur Goëzman pour me déchirer, vous lui avez écrit de *Paris* (que vous nommiez *Grenoble*) que j'étais *le calomniateur le plus atroce, un monstre achevé, un serpent rongeur de limes, une espèce venimeuse dont il fallait purger la société par la voie* du bourreau!...

Malheureux prophète! il s'en est peu fallu que je n'aie été la victime de vos affreux pronostics. Et quand vous faisiez la prédiction, on sait ce que vous tentiez pour en assurer l'accomplissement! Premier auteur de tous mes maux, vous ne fûtes étranger à aucun d'eux ! Dans cette longue carrière de douleurs, vous m'avez toujours poursuivi l'intrigue à la main, la haine au cœur et l'injure à la bouche !

Huit jours avant l'arrêt (cet horrible arrêt qui pourtant ne m'a rien ôté), l'on vous a vu triompher tout haut du sort qu'on me destinait au Palais, et que vous espériez voir encore plus funeste ! Homme injuste, vous avez été trompé ! mais vous l'eussiez été de même en tout autre cas. Je ne suis pas aussi sage que Socrate, ai-je dit alors bien des fois à mes juges ; mais avec son innocence j'aurai sa fermeté, j'irai jusqu'à la ciguë et je la boirai. Et il n'y a point ici de roman : vous savez si je l'aurais bue. O vous que je m'abstiens de nommer autrement, auguste protecteur ! vous à qui mon cœur osera donner un nom plus tendre, s'il pouvait s'allier avec le plus profond respect ! vous savez si je l'aurais bue !

Lorsque, après m'avoir fait chercher partout, la veille de cet affreux jugement, vous me dîtes avec un noble et tendre intérêt, qui fit tressaillir mon âme de plaisir : « N'allez pas demain au Palais, mon enfant ; je tremble pour vous : si les bruits se réalisaient, si les résolutions étaient funestes, on vous ferait passer de l'interrogatoire au cachot... N'allez pas demain au Palais. »

« Non, monseigneur, mes ennemis ne me reprocheront point de n'avoir montré qu'un faux courage : il me reste un interrogatoire à subir avant le jugement ; c'est mon devoir, il faut l'accomplir. J'irai demain au Palais. Et quant aux dangers que vous craignez pour moi, daignez m'entendre.

« Je ne sais pas encore jusqu'à quel point une âme humaine peut s'exalter dans le malheur ; il sera temps alors de s'en occuper : mais soyez sûr que le bras infâme ne souillera point un homme que vous avez honoré de votre estime. On excuse un infortuné... »

Le lendemain matin, j'étais sous les terribles voûtes à cinq heures, avant l'ouverture des portes. Mais seul, à pied, traversant dans l'obscurité ce pont si bruyant qui mène au Palais, frappé du silence et du calme universel qui me faisait distinguer le bruit de la rivière, je disais en perçant le brouillard : Quel sort bizarre est le mien ! Tous mes amis, tous mes concitoyens sont livrés au repos, et moi, je vais peut-être au-devant de l'infamie ou de la mort. Tout dort en cette grande ville ; et peut-être je ne me coucherai plus !

La douleur m'emporte : il faut achever.

Bientôt on ouvrit le Palais. Je les vis tous arriver en robe, et monter en silence au tribunal, chacun en passant jetait un coup d'œil sur la victime ; et moi je comptais les sacrificateurs. Voilà donc ceux, disais-je, qui vont me condamner.

Je fus longtemps interrogé. Ma tranquille fermeté fit peut-être penser que mon danger m'échappait, et que la précaution de m'arrêter prisonnier était inutile ; et j'ai su depuis qu'un honnête homme des sous-ordres, qui me connaissait bien, ne cessait de répéter en soupirant : Eh ! messieurs, vous l'aurez tant que vous voudrez ; je réponds bien que celui-ci ne s'enfuira pas.

Je sortis de la grand'chambre à huit heures, exténué, mourant de froid. J'entrai chez une de mes sœurs, logée à quatre pas. Je suis bien fatigué, lui dis-je, et je ne veux pas m'éloigner du palais. Ils ont beaucoup à lire avant d'opiner. Fais-moi donner un lit, chère sœur : un peu de repos me rafraîchira la tête, et j'en ai grand besoin.

Je ne voulais que me reposer ; je tombai dans un sommeil léthargique.

Ce secours hospitalier, cet oubli momentané de mes maux me fut très-utile, en ce qu'il remplit une partie de l'horrible journée à la fin de laquelle... On sait le jugement. Mais ce qu'on ne sait pas, c'est que, pendant que tous mes amis se désolaient sur mon sort, jamais particulier ne fut honoré d'une bienveillance plus auguste, et ne reçut des témoignages plus généreux et plus flatteurs de l'estime publique; enfin jamais infortuné ne goûta de joie aussi pure que la mienne, et je disais, en me recueillant le soir sur des contrastes aussi étranges :

O vous qui, chargés du pouvoir momentané d'infliger des peines, avez prononcé sur moi une peine d'opinion, sans avoir égard à l'opinion qu'on aurait de votre jugement, voyez mon sort et comparez !

C'est alors que mon repos fut doux. J'avais passé la nuit précédente à mettre ordre à mes affaires, dont la plus importante à mes yeux fut de partager les débris de ma fortune entre mes parents, sous la condition expresse de suivre le procès que je défends aujourd'hui jusqu'à extinction d'argent et de chaleur. L'autre affaire honorait ma mémoire, et celle-ci, restée en suspens, pouvait la dégrader: aussi l'exhérédation était-elle la moindre peine que je prononçais contre le lâche ami qui m'abandonnerait en ce point; autant qu'il était en moi, je le vouais à l'indignation publique.

Il sera suivi, ce procès! grâces au ciel, je suis vivant, quand, depuis ce moment, j'ai dû deux fois être mort. Tous les jurisconsultes disent que l'arrêt sera cassé. J'en accepte l'augure avec reconnaissance, et je sens dans mon cœur qu'il doit l'être. N'ai-je pas assez payé ma dette à l'infortune, et n'est-il pas temps que le malheur finisse?

Et cependant l'auteur connu de tant de

maux, qui me provoque encore à prendre la plume, finit son dernier mémoire en disant, le plus dédaigneusement qu'il peut, que *le seul parti qu'il lui convienne est de mépriser mes défenses*, qu'il appelle *des mauvais propos*.

Tout ce qu'il vous plaira, monsieur le comte. Armez-vous d'un ton bien supérieur! masquez bien votre avarice! affectez le plus grand dédain! j'y consens : bien assuré que si quelqu'un vous pardonne un jour de m'avoir méprisé, jamais personne au moins ne me méprisera pour vous avoir pardonné.

CARON DE BEAUMARCHAIS.

SUITE DE LA CONSULTATION

« Considérant que le sieur de Beaumarchais, injurié, calomnié, diffamé de la manière la plus outrageante, par un mémoire rendu public à la veille du jugement, s'est vu dans la nécessité de se justifier des inculpations graves qui lui ont été faites, et qui exigeaient une réponse énergique et capable de détruire l'impression que laisse toujours la calomnie dans l'esprit de ceux qui ne jugent que par le ton d'assurance ou la hardiesse des assertions;

» Que sa réponse est une défense de droit naturel, qui ne peut jamais être interdite à un citoyen aussi grièvement offensé; qu'en l'examinant avec attention on voit qu'aucun des faits qu'elle contient n'est étranger à la question débattue;

» Que cette justification est la plus claire et la plus forte qu'un homme attaqué dans son honneur puisse donner de sa conduite : qu'elle contient une analyse de l'acte du 1er avril 1770, et un historique des antécédents, tellement propres au sieur de Beaumarchais, qu'aucun autre que lui n'eût pu les mettre dans un jour si lumineux;

» Que si cette défense eût dû gagner quelque chose à être refondue dans le style de Me du Parc, elle eût pu y perdre ce caractère de vérité qui prévient et qui touche en faveur d'un homme offensé qui se défend lui-même;

» Nous estimons qu'elle aurait dû être adoptée par

le défenseur du sieur de Beaumarchais, puisqu'il doit être convaincu de la pureté de la conduite de son client et pénétré de la justice de sa demande en cassation de l'arrêt du 6 avril 1773; que l'adoption que Me du Parc en aurait faite eût autant honoré la sensibilité de l'avocat, que la justification honore les lumières et la probité du client.

» Il est donc très-malheureux pour le sieur de Beaumarchais qu'une pareille défense ne puisse être produite sous la forme d'un mémoire signifié; mais ne pouvant lui en fournir les moyens contre le vœu prétendu de tant de règlements intérieurs du corps des avocats aux conseils, nous nous bornons à l'inviter de moins s'occuper du ressentiment que lui causent les refus de son défenseur, que d'instruire ses juges et le public de la nature des obstacles qu'il trouve à publier une justification aussi intéressante pour lui.

» Nous estimons enfin que le sieur de Beaumarchais peut et doit produire la présente consultation, non comme pièce d'une instance au conseil du roi; mais comme l'avis d'un jurisconsulte sur la question qui lui est proposée par le sieur de Beaumarchais, dont les malheurs, le courage et la position pressante doivent intéresser tous les honnêtes gens (1).

» Délibéré à Paris, le 12 janvier 1775, par nous avocat au Parlement.   « *Signé* : ADEN. »

(1) Cette courte consultation, que nous laissons subsister lorsque nous supprimons toutes les autres, sert à faire connaître avec quelle activité et quel acharnement le comte de la Blache cherchait à empêcher Beaumarchais de produire ses défenses, et l'intelligence non moins active que Beaumarchais opposait aux ruses de ce comte.

Nous venons de voir ce dernier faire enlever de chez l'imprimeur, par des ordres invisibles, c'est-à-dire supposés, le mémoire de son adverse partie, et lui faire alléguer les règlements intérieurs les plus étranges, afin qu'aucun avocat au conseil ne signât un mémoire qui le foudroyait; en sorte que Beaumarchais ne put faire paraître son mémoire qu'en l'enclavant en quelque sorte dans cette consultation d'un avocat au Parlement, comme si elle en eût été le sujet ou la partie intégrante.—

Mais quand Beaumarchais, muni de cette consultation, eut obtenu la cassation de l'arrêt qui lui avait fait perdre au Parlement de 1771 le procès qu'il avait gagné en première instance aux requêtes de l'hôtel, et que le conseil eut renvoyé l'affaire au Parlement d'Aix, le comte se hâta de s'y rendre, répandit un nouveau mémoire, et tenta de le faire signer à tous les avocats de cette ville, afin que Beaumarchais ne pût produire aucune défense faute d'une signature.

Les avocats d'Aix devinèrent cette manœuvre, et plusieurs

COMPTE DÉFINITIF

ENTRE MM. DUVERNEY ET CARON DE BEAUMARCHAIS

Nous soussignés Pâris Duverney, conseiller d'État et intendant de l'École Royale Militaire, et Caron de Beaumarchais, secrétaire du roi, sommes convenus et d'accord de ce qui suit :

ART. 1er. Les comptes respectifs que nous avons à régler ensemble depuis longtemps, bien examinés, débattus et constatés, moi Duverney, je reconnais que toutes les pièces justificatives de l'emploi de divers fonds à moi, qui ont passé par les mains de mondit sieur de Beaumarchais, sont claires et bonnes. Je reconnais qu'il m'a remis aujourd'hui tous les titres, papiers, comptes, reçus, missives, relatives à ces fonds, et je le tiens quitte de tout à cet égard envers moi, à l'exception des pièces importantes sous les nos 5, 9 et 62, qui manquent à la liasse, et qu'il s'oblige de me rendre en mains propres le plus tôt qu'il pourra, et, en cas d'impossibilité, de les brûler sitôt qu'il les aura recouvrées.

2. Je reconnais qu'il m'a aujourd'hui remis tous mes billets au porteur, montant ensemble à la somme de cent soixante mille livres, dont il n'a fait qu'un usage discret, duquel je suis content.

3. Distraction faite des fonds ci-dessus avec les sommes que j'ai personnellement prêtées à mondit sieur de Beaumarchais, soit sans reçus, soit avec reçus ou billets faits à moi ou à un tiers pour moi, je vois qu'il me doit, y compris le contrat à quatre pour cent, passé chez Devoulges (des payements faits à la veuve Panetier et à l'abbé Hémar, pour l'acquisition de sa charge de secrétaire du roi), que j'ai de lui, et tous les arrérages dudit contrat jusqu'à ce jour, la somme de cent trente-neuf mille livres; sur quoi...

4. Je reconnais et reçois ma quittance du 27 août 1761, de la somme de vingt mille francs que je lui avais remis sur son billet au porteur, en date du 19 août précédent, et qu'il m'a rendus sans en avoir fait usage; lequel billet au porteur s'est égaré dans

eurent l'honnêteté de refuser leur signature au comte, en lui disant qu'il était juste que son adverse partie, en arrivant à Aix, y pût trouver quelque défenseur.

Il arriva bientôt, et publia les deux mémoires qui vont suivre *Réponse ingénue* et le *Tartare à la Légion*. Ces deux mémoires lui firent gagner sa cause tout d'une voix.

mes papiers alors, sans que je sache ce qu'il est devenu, mais que je m'engage de lui rendre, ou indemnité en cas de présentation au payement.

Plus, je reconnais ma quittance du 16 juillet 1763,
de dix-huit mille francs; plus, celle de neuf mille cinq
cents livres du 14 août 1766.

5. Plus, je reçois en payement la défalcation de la
rente annuelle viagère de six mille livres que j'ai dû
lui fournir, aux termes de notre contrat en brevet,
passé chez Devoulges, le 8 juillet 1761, lesquels arrérages n'ont été fournis que jusqu'en juillet 1762 (à
cause de plus fortes sommes que je lui ai prêtées
alors), et qui se montent aujourd'hui à quarante-six
mille cinq cents livres.

6. Plus, je me reconnais débiteur de mondit sieur
de Beaumarchais, de la somme de soixante-quinze
mille livres pour les fonds qu'il a mis dans l'affaire
des bois de la haute forêt de Chinon, où il est intéressé pour un tiers, dans lequel je me suis associé
avec lui pour les trois quarts, avec engagement de
faire se fonds et les miens aux termes de notre traité
de socié é du 16 avril 1767, lesquels fonds je n'ai point
faits, mais bien lui.

7. Plus, je me reconnais son débiteur de la somme
de huit mille livres pour les intérêts desdites soixante-
quinze mille livres, ainsi que je conviens de les porter.

8. Plus, comme j'exige qu'il me rende la grosse du
contrat de six mille livres viagères qu'il a de moi,
quoiqu'il ne dût me le remettre que dans le cas où je
ferais quelque chose pour lui (ce que je n'ai pu), et
que j'en reçois le fonds en quittance de la somme de
soixante mille francs, aux termes dudit contrat, il
résulte que mondit sieur de Beaumarchais m'a payé
deux cent trente-sept mille livres; ce qui passe sa
dette de quatre-vingt-dix-huit mille francs.

9. Pour remettre de la balance dans notre compte,
j'exige de son amitié qu'il résilie notre traité des bois
de Touraine. Par ce moyen, le tiers que nous y avons
en commun lui restant en entier, les soixante-quinze
mille livres qu'il a faites pour nous deux dans l'affaire lui deviennent propres; et il ne sera dans le
cas d'essuyer jamais aucune discussion ni procès de
la part de mes héritiers; ce qui ne manquerait pas de
lui arriver s'ils me succédaient un jour dans cette
association, comme le porte l'article IV de notre traité
de société; mais, pour le dédommager de l'appui

qu'il perd aujourd'hui, pour la suite d'une affaire dans laquelle je l'ai engagé, et qui devient lourde et dangereuse, je lui tiens compte des huit mille livres convenues pour l'intérêt des soixante-quinze mille livres qui ont dû courir jusqu'à ce jour pour mon compte, et je promets et m'engage de lui fournir en forme de prêt, d'ici à la fin de la présente année, la même somme de soixante-quinze mille livres pour l'aider à faire les nouveaux fonds que l'affaire exige, desquelles soixante-quinze mille livres je ne recevrai point d'intérêt pendant huit ans (que peut durer encore l'entreprise), du jour du prêt, lequel terme expiré, ils me seront remboursés par lui, ou, en cas de mort, à mon neveu Pâris de Mézieux, son ami, que j'en gratifie: et si mondit sieur de Beaumarchais aime mieux alors en passer contrat de constitution à quatre pour cent, que de rembourser, il en sera le maître.

10. Et pour faire la balance juste de notre compte, je me reconnais son débiteur de la somme de vingt-trois mille livres, que je lui payerai à sa volonté, sans qu'il soit besoin d'autre titre que le présent engagement.

11. Au moyen desquelles clauses ci-dessus énoncées, remise, par mondit sieur de Beaumarchais, des titres, papiers, reçus, billets au porteur, grosse du contrat de six mille livres de rente viagère, résiliation du traité sur les bois, reconnaissance de mes quittances, arrêté de compte, etc., *je reconnais* mondit sieur de Beaumarchais *quitte de tout envers moi.*

12. Je promets et m'engage de lui remettre à sa première réquisition la grosse en parchemin du contrat, à quatre pour cent, de sa charge de secrétaire du roi, comme m'ayant été remboursé, avec tous les arrérages jusqu'à ce jour. Plus, je m'engage de lui remettre tous ses reçus, billets, missives, etc., de toutes les sommes qu'il a touchées de moi, par moi, ou par un tiers pour moi, sous quelques formes que ces reconnaissances se trouvent, soit dans sa dette personnelle, soit pour les fonds qu'il a touchés pour d'autres affaires, et notamment son billet au porteur, du 19 août 1761, de vingt mille livres, qui s'est égaré dans mes papiers.

13. Plus, je m'engage à lui rendre toutes les lettres, papiers, sollicitations, etc., que la famille royale m'a faites ou fait faire pour lui, et qu'il appelle ses lettres de noblesse.

14. Plus, je m'engage de lui faire tenir un de mes grands portraits du meilleur maître, pour le don duquel il me sollicite depuis longtemps.

15. J'exige de son amitié qu'il brûle toute notre correspondance secrète, comme je viens de le faire de mon côté, afin qu'il ne reste aucun vestige du passé; et j'exige de son honneur qu'il garde toute sa vie le plus profond secret sur ce qui me regarde, dont il a eu connaissance.

16. Et moi, Caron de Beaumarchais, aux clauses et conditions ci-dessus énoncées, je promets et m'engage de remettre demain pour tout délai, à mondit sieur Duverney, les pièces essentielles qui lui manquent sous les nos 5, 9 et 62. Plus, le traité de société entre nous sur les bois de Touraine, que je résilie uniquement par respect pour le désir qu'il en a, dans un moment où j'aurais le plus besoin d'appui dans cette affaire; et quoiqu'il m'eût été bien plus avantageux que mondit sieur prît pour son compte tout le tiers d'intérêt que nous y avons eu en commun, comme je l'en sollicite depuis longtemps, je refuse les huit mille livres de l'intérêt des soixante-quinze mille livres avancées; mais j'accepte le prêt de soixante-quinze mille livres comme une condition rigoureuse de la réalisation, et sans laquelle elle n'aurait pas lieu, et au défaut duquel prêt le traité reprendrait toute sa force. Ainsi, pour la juste balance de notre compte, je réduis ma créance sur mondit sieur Duverney à la somme de quinze mille livres; lesquelles payées, le contrat à quatre pour cent, les lettres, papiers, reçus, billets remis, et le prêt de soixante quinze mille livres effectué, je reconnais mondit sieur Duverney quitte de tout envers moi. Et pour tous les articles de cet arrêté fait double entre nous, nous donnons à cet écrit sous seings privés toute la force qu'il aurait par-devant notaires; nous promettant d'en passer acte à la première réquisition de l'un de nous.

A Paris, le 1er avril 1770, *Páris Duverney* et Caron de Beaumarchais.

Au-dessus est écrit: Contrôlé à Paris, le 7 janvier 1771, reçu soixante-seize livres seize sous,

Signé : LANGLOIS.

Nota. Les mots en caractères italiques sont de la main de M. Duverney.

Tableau succinct du compte raisonné des autres parts.

Doit M. de Beaumarchais à M. Duverney la somme de 139,000 l. .... 139,000 l.

Pour payer. ....
M. de Beaumarchais fournit la quittance du 27 août 1761, de... 20,000 l.
Idem du 16 juillet 1765, de... 14,000 l.
Idem du 14 août 1766, de... 9,500 l.
Les arrérages non payés de la rente viagère de 6,000 liv. depuis juillet 1762, jusqu'en avril 1770...... 46,500 l.
La mise d'argent dans l'affaire des bois de Touraine, dont M. Duverney devait faire les fonds........ 75,000 l.
L'intérêt de cette somme porté à........ 8,000 l.
Le fonds du contrat de 6,000 l. de rente viagère que M. Duverney y achète, pour son capital. 60,000 l.

Total des payements faits par M. de Beaumarchais........ 237,000 l.
Au moyen de ces payements, M. Duverney se trouve débiteur de M. de Beaumarchais de la somme de....... 98,000 l.

Doit M. Duverney à M. de Beaumarchais la somme de 98,000 l. .... 98,000 L.

Pour le payement, M. Duverney les abandonne à M. de Beaumarchais le titre d'intérêt qu'ils ont dans les bois de T ouraine; par là il s'acquitte envers lui des fonds avancés, ci....... 75,000 l.
M. de Beaumarchais refuse les 8,000 liv. d'intérêt de ces fonds; M. Duverney se trouve en oré acquitté de....... 8,000 l.
Par l'écrit fait double des autres parts, M. Duverney doit payer à la volonté de M. de Beaumarchais la somme de....... 15,000 l.

Total des payements de M. Duverney....... 98,000 l.

Au moyen de ces payements, M. Duverney se trouve quitte envers M. de Beaumarchais.

Balance........ 98,000 L.

ERRATA

—

Ce mémoire, examiné de sang-froid, est plein de fautes, et sent partout l'ardeur et la précipitation. Je crois qu'il serait beaucoup meilleur à recommencer qu'à corriger; cependant on ne doit pas y laisser subsister des choses exagérées, plates ou mal dites, ou qui peuvent offenser quelqu'un. C'est déjà trop pour moi que d'être forcé par le comte de la Blache à lui dire des vérités un peu dures.

Page 7, ligne 13, au lieu de *fonds placés à trente pour cent dans les vivres*, mettez ces mots, *plus avantageusement*. De fort honnêtes gens m'ont prouvé que ce bénéfice était non-seulement impossible, mais d'une exagération peu honnête sur une affaire que M. Duverney a conduite aussi longtemps. Mon excuse est simple : je n'aurais pas mieux demandé que de savoir par moi-même ce qui en était. M. Duverney n'a pu me faire entrer dans la compagnie: je suis tout platement un ignorant de ses gains, et point du tout un critique de ses bénéfices.

Page 56, *et ce riche légataire jouit à présent de plus de deux cent mille livres de rentes*. On m'a fait observer que le comte de la Blache, qui en aura bien davantage un jour, ne les a pas tout à fait. Eh! mon Dieu! je les lui souhaite; puisse-t-il bientôt les avoir, et des millions par delà! et qu'il me laisse tranquille!

Page 56, *et il aurait douze mille livres de rente de plus*, etc.; mettez *cinq* au lieu de *douze*. Je sais positivement aujourd'hui que le contrat qu'il voulait faire passer de la tête de la marquise sa mère sur la sienne n'est que de cinq mille ou de cinq mille cent livres de rente : cela ne rend pas le procédé du fils plus honnête, mais cela rend la citation de l'écrivain plus exacte; et si c'est moins bien pour lui, c'est mieux pour moi.

Page 83, au lieu de *vos représentants*, mettez *votre représentant*. En effet, le reste de la famille de M. Duverney représente honorablement sa personne,

et le comte de la Blache, dans le cas dont il s'agit,
ne représente que sa fortune.

Page 32, ligne 2. Quelques gens de goût disent
qu'ils n'aiment point *cordialement*. Je ne l'aime
guère plus qu'eux ; ôtez *cordialement*.

Page 14, ligne 18. D'autres n'aiment point *mouiller
de sueur*, etc. Ils disent que cette affectation est col-
légiale. Je ne l'aime ni ne le hais : cette phrase fut
faite avec moins de prétention que de précipitation ;
ôtez-la si vous voulez.

En général, on trouve à ce mémoire beaucoup d'i-
nutilités, des longueurs, des incorrections, etc. Le
meilleur *errata* qu'on puisse donc y faire, c'est que
chacun en retranche ce qui lui déplaît. Je serai trop
content, pourvu qu'on ne m'ôte point que je suis un
honnête homme, et que j'ai raison contre le comte de
la Blache : voilà tout ce que j'ai voulu dire.

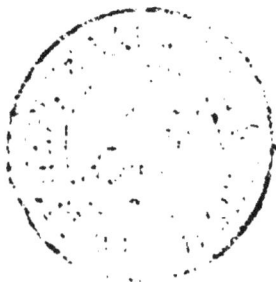

RÉPONSE INGÉNUE

DE PIERRE-AUGUSTIN CARON DE BEAUMARCHAIS

A LA CONSULTATION INJURIEUSE QUE LE COMTE
ALEXANDRE FALCOZ DE LA BLACHE
A RÉPANDUE DANS AIX

Beaumarchais payé ou pendu.
*Résumé de M. le P. de C., rapporté dans sa
mémoire au conseil, page 201.*

Un colporteur échauffé frappe à ma porte et me remet un mémoire en me disant: — Monsieur le comte de la Blache vous prie, monsieur, de vous intéresser à son affaire. — Eh! me connais-tu, mon ami? — Non, monsieur; mais cela ne fait rien: nous sommes trois qui courons de porte en porte, et notre ordre est de ne pas même oublier les couvents ni les boutiques. — Je ne suis pas curieux, ami: je te rends grâce. — Ah! monsieur, acceptez je vous prie; je suis si chargé! voilà bien du monde qui refuse. — A la bonne heure: et toi, prends ces huit sous pour ta peine et ton présent. — Ma foi! monsieur, ça ne les vaut pas. Il court encore, et je me renferme.

Quel est donc ce nouvel écrit qu'on répand avec autant d'affectation que de profusion? Je l'ouvre, et je vois une seconde édition d'un mémoire apporté par le comte de la Blache en 1776, et dont il avait alors inondé la Provence.

Je l'avais lu dans le temps; je l'avais trouvé si pitoyable et tellement répondu par tous mes précédents écrits, que j'avais empêché mes conseils de s'en occuper dans une consultation pour moi, faite à Paris, où l'on s'attachait uniquement au fond de l'affaire, et sans s'y permettre un mot qui sentît la personnalité.

Ce procès, leur disais-je, est si clair et si bien connu, et le comte de la Blache a payé si cher le mal qu'il a voulu me faire, que je ne dois pas chercher à renouveler sa peine. Occupons-nous seulement à gagner le procès. Dans ma position, le bruit et l'éclat m'importuneraient beaucoup : des raisons froides et simples, une discussion forte et légère, telle est la production que je désire uniquement de vous.

Depuis mon départ de Paris, ce mémoire à consulter s'y était fait ainsi que la consultation; destiné seulement pour nos juges, on n'en avait pas tiré plus de cent exemplaires, et j'en avais remis un au procureur du comte de la Blache, à l'arrivée du ballot à Aix.

Lecture faite au conseil de mon adversaire, et mon silence lui faisant penser qu'il m'avait laissé sans réplique à ses imputations, il a cru qu'il devait courir au jugement, et renouveler, dans toute la province, les injures qu'il y avait semées il y a deux ans. Il a donc vivement pressé les magistrats, que je sollicitais de mon côté, de hâter l'instruction de l'affaire; et, triomphant de ma modération, il a versé de nouveau dans le public trois ou quatre mille exemplaires de sa consultation.

Mes amis et mes conseils, étonnés du froid mépris que je montrais pour cette injure et ces derniers cris d'un adversaire aux abois, en ont conclu que j'ignorais combien ses discours et ses ruses avaient échauffé les esprits dans cette ville.

— Votre défense est incomplète, ont-ils dit, si vous ne détruisez pas les impressions qu'il a répandues contre vous. Il vous donne ici pour un maladroit fripon, fabricateur grossier des fausses apparences d'une intimité, d'une correspondance familière qui n'exista jamais entre vous et M. Duverney. Vous n'êtes plus à Paris, où tout était connu ; les choses ici sont poussées au point que, sur votre silence même, vous courez risque d'être accablé par la prévention : car votre adversaire est d'un glissant, d'une activité, d'un insinuant, d'une adresse!... et ses amis!...

Enfin, les miens me l'ont tant répété, m'ont si bien prouvé la nécessité de relever ses calomnies, que, sans m'affecter de leur appréhension, je leur ai dit : puisque vous pensez, messieurs, qu'il importe à mon honneur, si ce n'est pas à mon procès, d'enlever à l'ennemi le fruit éphémère de sa misérable intrigue, et son triomphe d'un jour en ce pays, oublions donc encore une fois qu'il est humiliant de se justifier; et, laissant pour un moment d'honorables travaux, ne posons pas la plume que son frêle et ridicule édifice ne soit renversé de fond en comble.

Il en résultera seulement un mal, imprévu par vous, mais très-certain pour moi ; c'est qu'il n'aura pas plutôt vu son masque arraché par cet écrit, qu'il va mettre autant d'obstacles, d'entraves au jugement du procès, qu'il a l'air aujourd'hui d'en souhaiter la fin.

COMMENÇONS.

De puissantes recommandations avaient allumé pour moi le zèle de M. Duverney.

De grands motifs y avaient fait succéder la tendresse et la confiance.

De pressants intérêts avaient remué plus d'un million entre nous deux.

Partie avait été employée pour son service et partie pour le mien.

Aucun compte pendant dix ans n'avait nettoyé des intérêts aussi mêlés.

Une foule de pièces existait entre ses mains ou dans les miennes.

Un arrêté de compte était devenu indispensable.

Cet arrêté fut signé le 1er avril 1770.

Trois mois après, M. Duverney mourut sans en avoir acquitté le reliquat.

Il se montait à quinze mille francs, que je demandai à son légataire universel.

Sur ma demande, il me fit un procès, qui dure entre nous depuis huit ans.

Je l'ai gagné, avec dépens, aux requêtes de l'hôtel, à Paris, en 1772.

Sur appel à la commission d'alors, je l'ai reperdu, au rapport du sieur Goëzman, en 1773.

En 1775, l'arrêt de Goëzman a été cassé tout d'une voix au conseil du roi; les parties renvoyées au Parlement d'Aix, où nous sommes en instance.

En 1776, le comte de la Blache a frappé la Provence du fléau de sa consultation, qui n'est qu'un lourd commentaire de toutes les injures imprimées dont il m'accable depuis que nous plaidons.

De ma part, tout est dit pour l'instruction des juges et du procès, sur l'acte du 1er avril 1770, attaqué avec tant de fureur et si peu de moyens.

Telles sont mes défenses : un mémoire aux requêtes de l'hôtel, signé *Bidault*; un autre à la commission, signé *Falconnet*; un précis sur délibéré (le sieur Goëzman, rapporteur); mes quatre grands mémoires contre ce dernier et consorts, où le procès la Blache, auteur de celui-là, revient à chaque instant; un autre mémoire au conseil du roi, dans lequel la teneur et les motifs de l'acte du 1er avril sont présentés du plus fort de ma plume; enfin, une dernière consultation, faite et signée par nos premiers jurisconsultes et le plus ferme résumé que toutes les lumières du barreau rassemblées aient pu donner de mes défenses.

Si nous étions au Parlement de Paris, je croirais affaiblir cet excellent travail en y ajoutant un seul mot de moi, surtout dans une ville où mes liaisons avec M. Duverney sont connues de tout le monde.

Mais en Provence, où ces liaisons sont ignorées, où chacun, dit-on, est frappé de l'air d'assurance avec lequel le comte de la Blache atteste que « jamais il n'y eut de liaison particulière entre M. Duverney et moi ; que toutes les lettres familières que j'ai jointes à l'acte du 1er avril sont autant de pièces fausses et forgées par moi, dans le cours des procédures, pour répondre à mesure aux objections qu'on me faisait, et me tirer du mauvais pas où je m'étais engagé; je dois écarter la prévention, les doutes et la défaveur qu'on a voulu verser sur moi dans le Parlement et dans le public, et fermer la bouche une bonne fois à mon ennemi, puisque j'en ai de si puissants moyens.

Pour y procéder avec sang-froid et méthode, je diviserai ce discours en deux parties ; la première intitulée : *Moyens du sieur de Beaumarchais;* et la seconde : *Les ruses du comte de la Blache.*

PREMIÈRE PARTIE

Moyens du sieur de Beaumarchais

Je suppose d'abord qu'on a lu la dernière consultation du comte de la Blache; et ma joie, en ce moment, est de penser qu'elle est dans les mains de tout le monde. Voici donc comment j'y réponds.

Je vous ai répété, sous toutes les formes possibles, monsieur le comte, que la loi n'admet point d'allégations ni de soupçons contre les engagements et les personnes; qu'elle proscrit avec indignation toutes ces insinuations de dol, de fraude et de surprise accumulées sans preuves, et surtout l'odieux plaidoyer de celui qui ne craint pas de dénigrer ouvertement, pourvu qu'il ne soit pas contraint d'accuser juridiquement.

Je vous ai répété que les clameurs d'un injuste héritier ne suffisent pas pour annuler les engagements du testateur, antérieurs à son droit, lorsque son intérêt est de ne les point remplir; qu'il faut, pour les ébranler, une action directe et légalement intentée, au risque et péril de l'accusateur; que toute autre voie est un crime aux yeux de la loi, tient à la plus basse calomnie, et ne doit occuper les tribunaux que lorsqu'on les implore pour en obtenir la punition.

Lors donc que vous osez me faire soupçonner de l'infâme lâcheté d'un faux, pourquoi n'osez-vous m'en accuser? Perfide adversaire! ce n'est chez vous ni défaut d'inimitié ni d'envie de me nuire; et pour ceux qui vous connaissent bien, cette retenue de votre part suffirait seule pour montrer quel vous êtes, si je n'avais pas d'ailleurs des moyens victorieux pour le faire.

Laissons de côté la distinction des grades ou des rangs : laissons les petites ruses qu'elle enfante, les productions sourdes qu'elle attire, les séductions de sociétés qu'elle occasionne. Si tout cela ne s'anéantissait-pas devant les tribunaux : si les prérogatives du grade ou du crédit y pouvaient influer sur le juste et l'injuste, un particulier dénué, s'y battant contre un noble, aurait toujours en face un ennemi plastronné.

Non qu'il faille oublier ce qu'on doit dans le monde aux rangs élevés! Il est juste, au contraire, que l'avantage de la naissance y

soit le moins contesté de tous : parce que ce
bienfait gratuit de l'hérédité, relatif aux ex-
ploits, qualités ou vertus des aïeux de celui
qui le reçoit, ne peut aucunement blesser l'a-
mour-propre de ceux auxquels il fut refusé;
parce que si, dans une monarchie, on retran-
chait les rangs intermédiaires entre le peuple
et le roi, il y aurait trop loin du monarque
aux sujets : bientôt on n'y verrait qu'un des-
pote et des esclaves; et le maintien d'une
échelle graduée, du laboureur au potentat,
intéresse également les hommes de tous les
rangs, et peut-être est le plus ferme appui de
la constitution monarchique.

Voilà ma profession de foi sur la noblesse.
Mais comme il ne s'agit pas ici de décider lequel de nous est le plus ou moins élevé, mais
seulement lequel est un légataire injuste, ou
bien un faux créancier, débiteur et créditeur,
voilà nos seuls noms. Dépouillons donc de
bonne foi ce qui nous sort de cette classe;
écartons tout prestige, et discutons clairement.

Au seul aspect de nos prétentions réciproques, une réflexion s'offre d'abord à ceux qui
n'ont pas étudié notre affaire : c'est qu'il est
plus probable qu'un acte fait entre deux hommes reconnus sensés soit exact et vrai, qu'il
ne l'est qu'un légataire universel soit juste et
désintéressé. Vous pouvez bien nous accorder
ce point : ce n'est pas là ce qui vous fera perdre votre procès.

Il s'en présente encore une autre : c'est qu'il
paraît étrange à chacun, malgré l'avidité con-
nue des héritiers, qu'un homme pour lequel on
dépouille une famille entière de l'hérédité naturelle, et qui devient, par ce bienfait, possesseur exclusif d'un legs de quinze cent
mille francs, respecte assez peu la mémoire
de son bienfaiteur pour la traîner et la souil-

ler pendant dix ans dans tous les tribunaux d'un royaume, et cela pour ne pas payer une somme de quinze mille francs à l'acquit de cette succession qui ne lui était pas due.

Passez-nous cette seconde encore; elle ne saurait vous nuire que dans l'opinion des hommes, et ne fait rien non plus au jugement du procès.

Quelques personnes même ont été jusqu'à balancer si, entre deux plaideurs qui se disputent une somme aussi modique, il n'était pas plus probable qu'un héritier peu délicat s'obstinât à la refuser, au seul risque de passer pour une âme vile, étroite et rapace, qu'il ne l'est qu'un créancier aisé s'acharne à la demander, armé d'un faux titre, au danger d'être puni comme le dernier des scélérats.

Huit ans de procédure sur un tel fait inspirant enfin la curiosité d'examiner les choses, on lit tous nos mémoires, et l'on y voit qu'après avoir été traîtreusement déchiré par tous les écrivains aux gages de mon adversaire, il y a longtemps que cette affaire a dû cesser pour moi d'être un procès d'argent. On y voit que je ne puis, sans déshonneur, me dispenser de le suivre et de le faire juger, quoiqu'il m'ait déjà coûté vingt fois plus qu'il ne doit me rendre.

Mais on y voit aussi que la fierté de mes répliques a dû donner un tel discrédit à mon adversaire, que, se voyant poursuivi par le regard inquiet de tout ce qui l'entend nommer, et se sentant partout couvert de l'opprobre dont il a voulu me salir, le désespoir de son état doit l'engager d'épuiser toutes les chances possibles d'un débat inégal avant de s'avouer vaincu; qu'il vaut encore mieux pour lui se réserver de dire après coup : les juges ont vu d'une façon, moi je vois de l'autre, que si, descendant à quelque traité conciliatoire, Il justifiait, par un dur accommodement, l'affreuse opinion que sa défense a donnée de son caractère.

Alors l'examinateur bien instruit sait au juste pourquoi nous plaidons, le comte de la Blache et moi.

Ce qu'il voit fort bien encore, en lisant l'écrit que je réfute, c'est que l'avocat, désolé de ne pouvoir offrir pour son client que des allégations sans preuves, et de n'opposer que des riens contre un acte inexpugnable, a cru devoir au moins noyer ces riens dans un tel océan de paroles, que le lecteur égaré pût supposer que, s'il n'entendait pas le raisonneur, il était possible à toute rigueur que le raisonneur s'entendît lui-même.

Mais ne prenez pas la peine de le suivre, et laissez-m'en le soin, lecteur. Dès le premier pas, je vois déjà que son argument tourne entièrement dans ce cercle vicieux.

Prenant partout pour accordé le seul point qui soit en débat, cet avocat s'enroue à vous crier : L'acte du 1er avril 1770 est bien reconnu faux; donc telle quittance ou telle somme qu'on y porte au débit n'a pas été fournie. L'acte du 1er avril est faux; donc tel contrat qu'on y éteint n'est qu'une chimère. L'acte du 1er avril est faux; donc ce traité qu'on y résilie n'a jamais existé, etc.

Après avoir longtemps et pesamment raisonné, le triste orateur, se flattant que l'ennui des conséquences a fait oublier le principe au lecteur, se retourne, et, semblable au serpent qui, se mordant la queue, accomplit le cercle emblématique, il revient sur lui-même et vous dit vicieusement : Puisque j'ai prouvé que telle somme est fausse, que telle quittance est double emploi, que tel contrat est une chanson, que tel traité n'est qu'une chimère, on ne peut me refuser, messieurs, que l'acte qui

contient autant d'articles prouvés faux ne soit évidemment faux, nul et frauduleux lui-même.
— Et puis payez, beau légataire, votre avocat subtil ; il a bien convaincu vos juges et vos lecteurs !

Mais j'ai tort de le quereller : s'étant établi votre défenseur, il a dû n'employer que les arguments que vous lui fournissiez : tant pis pour vous s'ils sont mauvais ; c'est votre affaire, et point du tout la sienne. Aussi, lorsqu'il se livre à son propre sens, y marche-t-il avec plus de circonspection : plus vos imputations deviennent graves, et moins il veut les prendre sur son compte.

Tant qu'il ne s'agit que de conjectures sur les prétendues erreurs, doubles et faux emplois, etc., que vous reprochez à cet acte ; comme il sait bien que dix preuves négatives n'en détruisent pas une affirmative, et qu'à plus forte raison, contre un acte signé de deux hommes reconnus sensés, toutes les allégations du monde, dénuées de preuves, sont moins qu'un fétu ; c'est sans scrupule qu'il erre avec vous dans le vague d'une foule d'objections contradictoires et plus futiles encore : il ne se croit pas compromis.

Mais lorsque, forcé d'abandonner ce vain badinage, il vous entend articuler que j'ai *appliqué après coup de fausses lettres sur les feuilles de plusieurs réponses de M. Duverney,* alors, se refusant à présenter ces horreurs comme sa propre opinion, il veut qu'on sache absolument que c'est la vôtre seule qu'il rapporte.

Ainsi, lorsque, ayant imprimé plusieurs lettres ostensibles, de moi, trouvées sous le scellé de M. Duverney, vous l'obligez à casser les vitres sur les autres, après vous en avoir fait sentir les conséquences, il poursuit en ces termes :

(Page 41.) « Ces préliminaires établis, *il a été exposé aux soussignés* que, quand le sieur de Beaumarchais écrivait pour demander un rendez-vous à M. Duverney, qui ne croyait pas lui devoir beaucoup de cérémonie, etc..... *on a ajouté* que le sieur de Beaumarchais, ayant conservé quelques-unes de ces réponses..... a formé le projet de faire passer ces petits écrits de M. Duverney comme des réponses à des lettres qu'il a forgées, etc. »

(Page 42.) « ON a encore *dit aux soussignés*, etc. Enfin ON *a mis sous les yeux des soussignés des* copies figurées de tous les écrits..... qu'ON attribue au sieur de Beaumarchais, etc. »

(Page 44.) « *Le comte de la Blache observe* qu'il est étonnant que le sieur de Beaumarchais ait eu le courage de donner les billets de M. Duverney pour la réponse à cette lettre, etc. »

(Page 51.) « ON *dit* que tel était le premier état de ce billet; que depuis on a ajouté, après ces mots, « avant midi, » ceux-ci, « voilà notre » compte signé, etc. »

(Page 52.) « On *a dit aux soussignés* que l'addition après coup de ces quatre mots, « voilà notre compte signé, » est palpable, etc..... ON *a assuré les soussignés* que, pour appliquer une date au mois d'avril, etc., etc. »

Toujours ON et jamais Nous.

C'est ainsi que l'avocat qui s'intitule *les soussignés* a cru devoir vous charger seul du poids de vos imputations criminelles, et vous ne tarderez pas à voir qu'il a bien fait : personne que vous ne devant jouer, dans cette abominable farce que vous nommez défense, le rôle de calomniateur, dont je vais vous attacher à l'instant l'écriteau.

Les prudents *Soussignés* ont si bien prévu même à quoi vous vous exposiez, que, pour tâcher de vous soustraire aux conséquences d'une pareille audace, après avoir souillé leur

plume à m'imputer en votre nom le plus
lâche des crimes, ils ont poussé leur honnête
complaisance jusqu'à hasarder que l'on ne
pouvait pas vous forcer de faire la preuve de
vos imputations, quand même on les soutien-
drait fausses.

Ils ont osé *estimer* que, *si je soutenais opiniâ-
trément* que tout le commerce entre M. Duverney et moi, que je présente, ainsi que les mots,
voilà notre compte signé, étaient tels que je les
prétends, vrais et justes, *écrits par M. Duverney*, le comte de la Blache, *ne pourrait être forcé
à une dénégation formelle*, et que, quand j'aurais
bien prouvé l'atrocité du comte de la Blache,
il n'en pourrait être tiré aucune conséquence fâ-
cheuse contre ce seigneur, etc. Comme ils
sont paternels ces bons *Soussignés*! Il faut lire
tout ce qu'ils en disent (page 53 et suivantes) :
en vérité cela est très-curieux.

Mais ce ton perpétuel de défiance des *Soussignés*, tous ces *ouï-dire* et ces *on dit*, sur lesquels ils consultent, rejetant sur vous seul tout
ce que leur plaidoyer a d'outrageant, puisque
c'est de vous seul qu'ils avouent tirer leurs
fausses lumières, et non de leur propre conviction, il s'ensuit que tout ce qu'ils avancent
à cet égard n'a pas plus de force et de valeur,
que si c'était vous seul qui l'avanciez. Si ce
qu'ON leur a dit n'est pas vrai, si ce *qu'ON
leur a exposé* n'est qu'un mensonge absurde, ils
n'en sont point garants : il n'y a donc en tout
ceci que le comte de la Blache seul qui parle
pour le comte de la Blache : l'avocat consultant avoue partout n'être que l'humble voix
qui nous transmet les dires et les actes sincères de ce seigneur aimable. ON *nous a dit*,
ON *nous a exposé*.

Or, comme il est bien prouvé, monsieur le
comte, par vos lettres que je produirai, par
vos récits imprimés que je rapporterai, que, de

votre aveu, vous n'avez jamais su un mot de
ce qui s'est passé entre votre bienfaiteur et
moi ; que vous n'avez trouvé (selon vous-
même encore) à son inventaire aucun renseignement sur nos relations particulières, laissant à part nos avocats, je dis que vous seul
méritez l'opprobre éternel dont je vais achever
de vous couvrir à l'instant.

Une ancienne loi des Lombards, adoptée en
France autrefois, portait que, si, dans une hérédité, quelqu'un se présentait avec une char-
tre ou titre que l'héritier arguât de faux, il
fallait que ce dernier se battît pour prouver
qu'il ne devait pas acquitter le titre. Les légataires de ce temps-là devaient trouver les épices du procès un peu chères : ils chicanaient
moins. Mais lorsque ensuite il s'établit qu'on
pourrait décider ces questions par le combat
de deux champions, les légataires, moins gê-
nés sur les épices, payèrent volontiers des
épées qui ne menaçaient plus leurs poitrines :
et maintenant qu'ils n'ont que des plumes à
aiguiser, qu'il n'y a plus de versé que de l'encre, et d'effleuré que du parchemin, c'est un
plaisir de voir comment les légataires proces-
sifs s'en redonnent par la plume de leurs *soussignés*.

Suivons donc ceux-ci, et fixons-nous à l'a-
veu solennel qu'ils font (page 40 de leur consultation), « que si les lettres rapportées sont
parvenues à M. Duverney, et si à chacune
d'elles il a fait la réponse qui est appliquée
par le sieur Beaumarchais, il s'ensuivra très-
certainement que M. Duverney a eu la plus
parfaite connaissance de l'écrit du 1er avril ;
qu'il a travaillé lui-même à le former, à le
corriger, à le mettre en l'état ou il est. » Voilà
le seul point auquel je me cramponne.

De sorte que, si je prouve, à la satisfaction
du lecteur et des juges, la véracité de ce com-

merce, à mon tour il faut m'accorder qu'il ne restera rien de l'édifice hypothétique du comte de la Blache et des *soussignés*.

Mais par quelle suite de raisonnements ce comte de la Blache, que je ne nommerai plus *Falcoz*, parce que c'est son nom, et que son nom l'afflige, par quelle suite de raisonnements, dis-je, est-il parvenu à faire illusion à de graves avocats, à leur inspirer du soupçon sur la véracité de ces lettres? Eux-mêmes vont nous l'apprendre dans leur longue consultation.

Le comte de la Blache leur a dit : car le mot *On* signifie toujours le comte de la Blache; et quoique cette dénomination ne soit pas en grand honneur parmi nous, *On*, ou le comte de la Blache, leur a dit que jamais il n'y avait eu entre M. Duverney et moi aucun objet de relation et de correspondance étranger à la froide protection qu'il m'accordait : moins encore aucune ombre de familiarité, dont la supposition, leur a-t-*On* ajouté, serait flétrissante pour M. Duverney.

(Page 10.) « Les lettres de M. Pâris Duverney sont *honnêtes*, mais *sèches*, et il n'y a pas une seule expression qui sente la familiarité, etc.

(Page 11.) « On voit que, depuis l'époque de la première recommandation en 1760, etc., il n'existe aucune trace d'aucun autre objet de relation de correspondance, encore moins existe-t-il quelque vestige de familiarité, etc.

(Page 13.) « Recommandé à M. Duverney, le sieur de Beaumarchais en était accueilli honnêtement, mais sans que jamais l'un ait autorisé l'autre à la moindre familiarité. (*Idem.*) M. Duverney avait fait des démarches pour le sieur de Beaumarchais, *etc...* mais jamais on n'a connu d'autre objet de liaison... Cependant l'écrit du 1er avril 1770 suppose entre eux les liaisons les plus intimes, des liaisons qui exigeaient le secret le plus impénétrable, *etc...*

(Page 14, au bas.) « Elles (*ces liaisons*) ne peuvent trouver de confiance dans l'esprit de personne ; il est impossible d'en imaginer aucune qui ne soit démentie par l'âge, la dignité, le caractère, les vues et les occupations de M. Pâris Duverney. *La supposition de ces liaisons est une fable ridicule* à laquelle il est impossible de se prêter. »

D'où l'ON conclut que M. Pâris Duverney n'a jamais eu connaissance de l'écrit du 1er avril 1770, ni des lettres qui l'accompagnent.

Vaillamment conclu, monsieur le comte de la Blache! puissamment raisonné, *judiciosi subsignati*! (*Vid.* Molière *in recept. med.*)

Mais, judicieux *soussignés!* mais, seigneur héritier! si par hasard votre majeure était vieieuse : si l'on vous prouvait irrésistiblement que cette intime familiarité, que ces liaisons secrètes, et sur des objets mystérieux, n'ont jamais cessé d'exister entre les deux personnes que vous outragez gratuitement?

Si d'un commerce de plus de six cents lettres, toujours écrites et répondues sur le même papier, qui toutes ont été brûlées, le bonheur du sieur de Beaumarchais lui en avait conservé des fragments assez clairs pour porter la conviction de cette familiarité dans tous les esprits?

Et si ce Beaumarchais, à qui vous faites (p. 57) le défi le plus imprudent de produire quelque chose de ce commerce écrit et répondu sur le même papier, vous montrait tout à l'heure assez de lettres familières et de billets mystérieux, étrangers à l'acte du 1er avril pour que l'analogie de la forme, du style et des envois, vous forçât vous-mêmes à convenir que cette façon de correspondre était constamment établie entre M. Duverney et lui?

Et s'il en concluait à son tour que, puisqu'ON nie les lettres qui se rapportent à l'acte, ON doit nier aussi celles qui ne s'y rapportent pas ; que si ON nie les unes et les autres, il faut qu'ON s'inscrive en faux contre toutes ; et que si ON succombe dans cette inscription de faux, il est judicieux d'attacher à ON ou des oreilles pour avoir si mal argumenté, ou un écriteau pour avoir si bien calomnié?

Que penseriez-vous, messieurs, de son petit argument?

Que diriez-vous alors de vos cinquante-huit pages d'injures, de vos raisonnements tortillés, de vos outrageantes imputations et de vos notions illuminées contre un acte inexpugnable que vous n'avez pu seulement effleurer? Vous courberiez le chef et ne diriez plus rien ! et c'est à quoi je vais vous réduire.

Pour première preuve d'une amitié bien tendre et qui ne va pas sans une douce familiarité, je pourrais rappeler au comte de la Blache que M. Duverney, par exemple, m'a prêté dans un seul jour cinq cent mille livres pour acheter une grande charge, en quatre cent mille livres de rescriptions et cent mille francs déposés chez Devoulges, son notaire, duquel le certificat est joint aux pièces.

Je pourrais ajouter qu'il m'a prêté cinquante-six mille livres sur ma charge de secrétaire du roi : plus, quatre-vingt-trois mille livres de supplément pour former les cent trente-neuf mille francs de notre arrêté de compte ; plus, dans une autre occasion, pour deux cent mille livres de ses billets au porteur, et conclure humblement qu'un homme qui prête autant d'argent à un autre, ou croit avoir de grands engagements à remplir envers lui, ou

lui a voué la plus solide amitié : surtout si
l'obligé n'est pas assez grand capitaliste pour
que tant de prêts soient solidement appuyés,
et s'il n'y a de garant entre eux de la sûreté
du prêt que la confiance de l'un en la probité
de l'autre.

Mais non : je n'emploierai pas cette première preuve d'intimité; car ON pourrait me
répondre qu'ON ne voit pas la nécessité de
conclure qu'un homme en aime un autre et le
considère, parce qu'il lui prête, en plusieurs
fois, près d'un million sans sûretés. Laissons
donc de côté cet adminicule de preuve qui
n'émeut pas encore le seigneur ON, et cher-
chons-en quelque autre à sa portée.

Mais si, pour infirmer les insinuations per-
pétuelles des *soussignés*, que le style dont
M. Duverney se servait avec moi fut toujours
froid, sec, jamais obligeant, souvent même
assez dédaigneux, je commençais par leur
montrer une réponse de ce grand citoyen, du
24 juin 1760, à ma lettre du 19 juin même
année, qu'ON a tronquée (p. 7) en la citant,
et je sais bien pourquoi; le choix de cette
réponse portant sur un objet cité par le seigneur ON lui-même, paraîtrait, je pense, assez applicable à la question, surtout si cette
réponse disait :

J'ai reçu, monsieur, la lettre que vous m'avez fait
l'honneur de m'écrire le 19 de ce mois. On ne saurait
être plus sensible que je le suis à tout ce que vous
voulez bien m'y dire d'obligeant, et je saisirai avec
bien du plaisir les occasions *de vous en prouver ma
reconnaissance*

J'avais bien imaginé, monsieur, que vous seriez
content du mémoire de M. de..., etc. Je ne pense pas
que ce soit encore le moment de le produire et de le
rendre trop public, et mon intention, *que j'espère que
vous approuverez*, est de m'en tenir, quant à présent, à *un certain nombre de personnes choisies, etc...* Je ferai très-volontiers usage de vos dis-

positions à le faire connaître *et à lui faire prendre
faveur, et je vous prie d'en recevoir d'avance tous
mes remercîments. J'ai l'honneur d'être, avec un
très-parfait attachement, votre, etc.*

Signé : Paris Duverney.

Et si, au bas de cette lettre, ON voyait
écrits, de la même main que le corps de la
lettre, ces mots *M. de Beaumarchais*, qui prou-
veraient qu'elle me fut écrite, aurais-je si
mauvaise grâce d'en conclure qu'en 1760,
temps auquel ON soutient que M. Duverney
me connaissait à peine, et quoique je fusse
alors plus jeune de dix ans qu'en 1770, époque
de notre arrêté de compte, M. Duverney, par
dépit du profond mépris que les *soussignés* et
le seigneur ON affectent pour ma grande jeunesse; que M. Duverney, dis-je, avait déjà
tant d'estime et de considération pour moi,
qu'il me mettait au nombre *des personnes
choisies*, auxquelles il confiait la lecture et le
jugement d'un mémoire qui lui importait;
« *qu'il avait bien imaginé* que j'en serais content; *qu'il espérait que* j'approuverais ses
vues à cet égard; *qu'il ferait* très-volontiers
usage de mes dispositions à lui faire prendre
faveur; *qu'il me priait* d'en recevoir d'avance
tous ses remercîments; *qu'il saisirait* avec
bien du plaisir les occasions de me prouver
sa reconnaissance de tout ce que je voulais
bien lui dire d'obligeant; *enfin qu'on* ne pouvait y être plus sensible qu'il l'était, etc...? »

Ah! ah! messieurs, voici pourtant qui n'est
ni froid, ni sec, ni dédaigneux : il y a plus
ici que de l'estime et de la considération; on
y va jusqu'à la reconnaissance :

Mais puisque vous avez bien voulu citer,
quoiqu'en la mutilant, ma lettre du 19 juin,
à laquelle celle-ci répond, je voudrais qu'ON
me fît le plaisir de la joindre au sac en origi-

nal, afin que M. le rapporteur et les autres
juges connaissent bien le ton qui régnait dès
ce temps entre le vieillard dédaigneux et le
jouvenceau dédaigné, surtout qu'ils y voient
auprès de qui je devais *faire prendre faveur* à
ce mémoire chéri, et pourquoi M. Duverney
croyait déjà me devoir tant de *reconnaissance*.

Cependant, comme on pourrait objecter que
cette lettre est ostensible, et que tous ces témoignages publics *de haute considération et de
reconnaissance* n'emportent pas la nécessité
d'une amitié particulière et d'une liaison mystérieuse, je veux bien encore laisser de côté
la considération qu'il m'accordait publiquement, et chercher un morceau transitoire qui
nous rapproche un peu des preuves d'un commerce très-familier. Nous joindrons cependant
cette seconde pièce au procès.

J'ai retrouvé, je ne sais où, sous mon bureau, je crois, dans le seau des papiers inutiles, n'importe, un fragment de lettre déchirée : elle est de M. Duverney ; l'écriture est
de ses bureaux, et ce nom, *M. de Beaumarchais*,
écrit de la même main au bas du papier,
prouve encore que cette lettre m'était adres-
sée.

J'avais apparemment proposé à M. Duverney
de lui envoyer, ou de lui présenter quelqu'un :
peut-être avait-il oublié de tenir sa porte ouverte à l'assignation donnée, et lui en avais-je
fait un reproche auquel il répondait ; puisque
le fragment qui me reste porte encore ces
mots : « .. le voir chez moi ; mais je consens
volontiers que vous lui teniez la parole que
vous lui avez donnée de l'y faire venir. J'ai
l'honneur d'être très-parfaitement... »

Très-parfaitement est sec, interrompt vivement le comte de la Blache. Fort sec, dit en
écho son écrivain. *Très-parfaitement* est des

plus secs en effet, disent gravement les *sous-signés*, et point du tout obligeant. De plus ce fragment, quoique d'une date inconnue, est certainement postérieur à la première lettre que vous avez citée. Donc, M. Duverney avait déjà perdu cet attachement éphémère qu'un peu de poudre aux yeux lui avait d'abord inspiré pour vous. *Très-parfaitement!* rien de plus sec, ou vérité.

— Ah! messieurs, que vous êtes vifs! puisque je cite ce fragment, il faut bien qu'il contienne autre chose que *très-parfaitement.*

Après *très-parfaitement*, *Votre très-humble*, etc., signé *Paris Duverney*, le commis qui a écrit et présenté la lettre à la signature, se retire, et M. Duverney, qui la relit, la trouvant comme vous, messieurs, sans doute un peu trop sèche, y ajoute ces mots de sa main :

Ma réponse vous surprendrait si je ne vous disais pas que ma mémoire est quelquefois infidèle, et que souvent je n'entends pas ce qu'on me dit.

Voilà pourtant, messieurs, une espèce d'excuse d'avoir manqué le rendez-vous! et cette excuse, il ne la fait pas ajouter par son secrétaire! et la sécheresse du style de bureau, celle du *très-parfaitement*, il la corrige lui-même, dans un *post-scriptum* obligeant, qu'il met, tout de sa main, au bas de la lettre! n'est-ce donc rien à votre avis?

Ma foi, c'est peu de chose, dit avec ennui le comte de la Blache. Presque rien, reprend l'écho : rien du tout, ajoutent ceux-ci. D'ailleurs comment ce fragment prouverait-il qu'il y avait un commerce particulier entre M. Duverney et vous ?

— Mon Dieu! j'y vais venir; et si ce *post-scriptum* ne le prouve pas encore, il est au moins la douce transition d'une correspondance ostensible et de main de secrétaires, au commerce libre et dégagé dont j'espère avant peu vous convaincre. Patience ! messieurs, patience ! En attendant, encore une pièce inutile au sac.

J'avais écrit à M. Duverney que je partais pour Versailles ; et comme il était dans l'usage d'envoyer à la reine, à madame la Dauphine, à Mesdames, les prémices de ses serres chaudes pour faire sa cour, et qu'indépendamment des autres soins que je prenais pour lui, je me chargeais toujours d'offrir ces petits dons à la famille royale, il me répond, tout de sa main, ce qui ne lui arrivait jamais, comme ON sait fort bien, et comme ON l'a certifié aux *soussignés*.

Je fis demander hier à mon jardinier, monsieur, s'il avait des ananas ; mais il m'a fait dire ce matin qu'il n'en aurait au plus tôt que dans huit jours. J'en suis d'autant plus fâché, que j'aurais été fort aise de profiter de cette petite occasion pour faire ma cour à madame la Dauphine, et à Mesdames, etc... *Signé :* PARIS DUVERNEY.

Et sur l'adresse : *A M. de Beaumarchais,* aussi de sa main.

Si cette réponse n'est pas écrite sur le même papier de ma lettre, c'est que l'objet, n'étant pas important, n'exigeait point cette précaution usitée entre nous dans les affaires secrètes : mais au moins sommes-nous entièrement sortis du commerce bureaucratif.

Je suis, comme on voit, un bon petit jeune homme, qui fais bien les commissions de M. Duverney près de la famille royale ; il me charge des fleurs et des fruits de son jardin : je les présente, il m'en sait bon gré ; il m'en remercie verbalement, il m'en écrit obligeamment, tout de sa main : Voilà déjà un petit mystère, nous avançons en preuves.

Pardieu, si vous avancez, vous n'avancez

pas vite, me dit le comte de la Blache impatient, et je ne vois pas encore...

Et moi bien humblement, comme Panurge au marchand Dindenaut : Patience! ami, patience! Nous ne sommes plus à Paris, où vos imputations faisaient hausser les épaules à tout le monde par l'excès de leur ridicule, où tout ceci n'était que trop connu. Nous sommes dans Aix, devant des magistrats et un public très-peu instruits du fond de notre affaire. Eh! lorsque vous avez noyé dans cinquante-huit mortelles pages d'injures vos innocentes calomnies, ne puis-je à mon tour employer quelques feuillets à mes petites justifications? Patience! ami, patience! et ne laissons pas manquer au sac une pièce de plus, très-inutile à l'acte du 1er avril.

Enfin, comme j'allais et venais fort souvent de Paris à Versailles, et que je n'avais que deux chevaux de carrosse, M. Duverney me propose, un beau jour, de m'en donner deux autres, *pour être mieux marchant*, me dit-il : car il pensait, comme le maréchal de Belle-Isle, qu'il ne faut que deux choses pour mener beaucoup d'affaires à la fois; du pain pour vivre et des chevaux pour courir. Il m'en proposa donc deux autres : et moi, qui n'étais pas aussi fier avec lui que je le suis avec le seigneur ON, qui me plaide, je les accepte; et pour les faire prendre chez lui, je remets à mon cocher une lettre badine, dans laquelle on lit ces mots :

Monsieur,

Je vous réitère mes actions de grâces de tous vos bienfaits, et notamment du dernier, qui est le présent de vos deux chevaux d'artillerie. Je les féliciterai d'être vigoureux : car, quoique je ne sois pas aussi lourd qu'un canon, ils regagneront bien avec moi, par la fréquence des courses, ce qu'ils auront perdu de tirage sur la pesanteur spécifique du premier per-

sonnage. Je ne devais les faire prendre qu'à mon retour de Versailles ; mais j'ai réfléchi qu'il vaut mieux
qu'ils y aillent à pied en m'y menant, que moi à pied
en ne les y menant pas ; parce que je vais faire aller
ceux que je destine pour la campagne, en chevaux de
monture, etc., etc.

Toute la lettre est de ce ton badin. Et
M. Duverney, qui ne se souciait pas qu'ON sût
qu'il me faisait des présents de chevaux, parce
que le seigneur ON, alerte en fait d'héritage,
avait les yeux ouverts sur l'écurie comme sur
la cassette ; M. Duverney, qui d'ailleurs avait
ses raisons pour qu'un style aussi léger de
ma part ne pût tomber aux mains de nos espions, me répond cette fois, sur le même papier, de sa main, tout à travers mon écriture,
ces mots aussi simples que clairs... Messieurs,
voulez-vous lire vous-mêmes ?.... Voyons,
voyons, dit l'héritier : voyons, dit l'écrivain
en s'approchant : voyons donc à la fin, disent
les *soussignés*, en essuyant les verres de leurs
lunettes.

« Pour essayer ces chevaux, ils sont allés à
l'Ecole Militaire; c'est pourquoi vous ne pouvez les avoir qu'après-demain. »

— Et c'est bien là son écriture! Messieurs,
vous vous en assurerez, je vais joindre la
pièce au procès, quoique inutile à l'acte du
1ᵉʳ avril 1770, qui allait fort bien sans ces
deux chevaux.

Qu'est-ce donc, monsieur le comte! vous
froncez le sourcil, et votre joli minois bouffe
de chérubin soufflant s'allonge et se rembru-
nit un peu! Remettez-vous : ce n'est rien. Ne
voyez-vous pas que, dans cette lettre, je lui
rends *des actions de grâces de ses bienfaits*, et que
je la finis par *le profond respect avec lequel je
suis*, etc. ? N'y voyez-vous pas encore avec
quelle sécheresse il me répond? et quoiqu'il
me donne deux chevaux, voyez s'il y met un

seul mot de *Monsieur*, le moindre petit compliment!

Croyez-moi, monsieur le comte, il est bien consolant pour vous *qu'ON* puisse dire encore : M. Duverney avait écrit, sur une feuille de papier, au sieur de Beaumarchais, ces mots! « Pour essayer ces chevaux, ils sont allés à l'Ecole Militaire; c'est pourquoi vous ne les pourrez avoir que demain. » Et ne voilà-t-il pas que ce fripon de Beaumarchais, pour faire rapporter sa lettre à celle de M. Duverney, laquelle évidemment ne saurait être une réponse, écrit après coup, sur la même page et feuille...

« Je vous remercie du présent de vos deux chevaux d'artillerie... je vous supplie donc de vouloir bien donner vos ordres pour qu'on les remette à mon cocher... Donnez-moi les plus vigoureux, car ceux-là gagneront bien le dîner que les vôtres mangeront toujours d'avance, etc., etc. » Ah! le fripon! le fripon! le dangereux fripon!

— Quels cris! quelle fureur! Ah! que vous êtes bouillant, rudanier et sans gêne avec les pauvres roturiers, monsieur le comte! On voit bien que vous êtes de qualité! Patience! et puisque cela vous échauffe et ne suffit pas encore à votre conviction, allons au fait : sautons à pieds joints par-dessus toutes les transitions, et présentons une des lettres sur lesquelles on a prononcé ce terrible anathème (page 49) : « On peut prédire, sans témérité, qu'il ne les joindra jamais au procès. »

Pardonnez-moi, grand prophète! je vais joindre la présente aux pièces du procès, quoiqu'elle ait trait à des objets que vous ne saurez jamais. Mais comme elle s'explique assez peu sur ces objets cachés; qu'elle honore assez le cœur de mon ami respectable, et surtout qu'elle prouve assez bien la douce fami-

liarité, la parfaite confiance et l'entier verse-
ment de son âme dans la mienne, j'oserai
l'opposer à vos peu redoutables calomnies. Un
léger fragment de ma lettre déchirée, je ne
sais comment, n'ôtera rien au mérite de la
réponse de M. Duverney. Voici ce que je lui
écrivais :

Je ne puis plus rien faire, MON AMI; j'ai suivi exac-
tement ce que vous m'avez ordonné : il a touché de
l'argent; mais tout cela ne le console pas; il veut vous
voir. Ecrivez-moi quelque chose que je puisse lui
montrer; comme vous voudrez. Ma foi! c'est un
homme de mérite et digne de tout ce que vous faites
pour lui. Il a des ennemis puissants : mais, dans ce
moment surtout, il paraît vouloir tout abandonnez.
Je ne crois pas que ce soit votre avis. Savez-vous,
MON AMI, que tout... serait perdu apparemment, etc.

Le reste manque...
— Eh quoi! M. de Beaumarchais, vous osez
nous faire croire que vous avez écrit à un
vieillard respectable de quatre-vingt-quatre
ans : « Je n'y puis rien faire, MON AMI, savez-
vous, MON AMI, etc... »
— Oui, messieurs, je l'ose...
— Vous, jeune homme! son maigre et dédaigné protégé! — Oui, messieurs.
— Vous qui n'en étiez (page 13) « accueilli
qu'avec la distance qui devait être entre des
personnes si différentes, et sans que jamais
l'un ait autorisé l'autre à la moindre familiarité. — Oui, Messieurs.
— A cet homme respectable, dont (page 50)
« l'extrême disproportion d'âge, d'état, de condition, d'occupation; dont tout enfin démontrait
qu'il n'y avait jamais eu la moindre familiarité entre vous et lui? » — Oui, messieurs.
— A cet auguste vieillard? tandis que
(page 33) tous ses billets de rendez-vous prouvent la sécheresse avec laquelle il vous répondait, et dont il paraît que vous n'avez ja-

mais reçu par écrit un seul mot d'honnêté! —
Oui, messieurs, ne vous déplaise, à lui-même.

— Et comment prouverez-vous une telle in-
solence, une telle absurdité? — Sauf votre bon
plaisir, messieurs, je la prouverai par la réponse de M. Duverney, de sa main, sur le
même papier, comme c'était notre usage en
affaires secrètes.

Voici donc la réponse de cet ami, à qui j'é-
crivais MON AMI Je vous supplie, messieurs, de
la bien retourner, commenter, tortionner;
mais de ne pas vous épuiser dessus. Réservez
vos forces pour quelques autres réponses plus
extraordinaires encore, dont je veux gratifier
le seigneur ON avant la fin de ce mémoire:

« Depuis quatre jours, je ne dors presque
point, MON AMI. » (— Mon ami! juste ciel! à
M. de Beaumarchais! Mon ami. — Oui, oui,
oui, messieurs, MON AMI: mais laissez-moi donc
lire!) « Je ne dors presque point, MON AMI; je
mange fort peu. J'ai des peines dans l'âme
plus fortes que ma raison. Un ami qui m'écrit
trois billets auxquels je n'ai pas eu la force
de répondre, est la cause de mon fâcheux
état. Il me mande que je le verrai pour parler
de mes affaires et des siennes... Il me demande des conseils; il veut s'expatrier, tout
abandonner. Le doit-il faire, oui ou non?....
VOS AVIS DICTÉS PAR L'AMITIÉ pourraient guider
la route que doit tenir cet infortuné... Je
crains pour sa vie et pour sa tête... J'avoue
que sa situation me pénètre de douleur...
ayant dans toutes les actions de sa vie exposé
ses jours pour son maître. Quelle récompense!
grands dieux! BRULEZ-MOI! » Et cette lettre,
messieurs, je la joins encore au procès, quoique étrangère et fort inutile à l'acte du
1er avril, ainsi que toutes les autres.

— *Mon ami! vos avis dictés par l'amitié!...
Brulez-moi!...* qu'est-ce que tout cela signifie?

Serait-il donc vrai, grand Dieu ! qu'il y eût eu un pareil commerce entre (page 12) « un homme accrédité..., grave par caractère, et accoutumé, par la plus longue expérience, à l'observation de la différence des procédés... et un homme de beaucoup d'esprit, jeune..., sollicitant un vieillard vénérable... et se renfermant par devoir et par intérêt dans le respect qu'il lui devait? »

— Hélas ! oui, messieurs, il existait un pareil commerce entre ces deux hommes, et cela parce que l'honorable estime de l'un ne se mesurait pas sur la jeunesse de l'autre, et parce que le vénérable vieillard pensait qu'on devait accorder sa considération et sa confiance, *non propter barbam, sed propter...* le mot qu'il vous plaira.

Mais qu'est-ce que tout cela fait? n'avez-vous pas la ressource de vous inscrire en faux contre l'acte du 1er avril, contre les lettres qui s'y rapportent, contre celles qui ne s'y rapportent pas; contre les lettres ostensibles, le commerce familier et les billets mystérieux dont je vais vous parler? Quelque douloureux que cela soit, il faudra pourtant bien tout payer, ou finir par là.

Je sais ce qui vous retient, monsieur le comte, vous trouvez l'homme un peu cher à pendre, et votre indécision n'est ici qu'un débat entre la haine et l'avarice : car sans cela... mais c'est où je vous désire depuis un siècle, pour vous offrir la petite leçon de prudence et d'honnêteté dont vous avez si grand besoin. En attendant, joignons au sac, et surtout avançons.

Voici un autre billet plus mystérieux, quoique moins important, mais dont le voile est assez léger pour que l'œil de lynx du comte de la Blache, ou la double vue des Soussignés, perce au travers et devine qu'il s'agissait ici

d'or et d'argent. J'écrivais à M. Duverney,
mais sans *Monsieur* ni vedette, sans respect,
sans signature et même sans date.

Il dit qu'il ne croit pas que les vins arrivent, et je
vous prie de vous arranger là-dessus : ils ont eu une
grande conférence avant-hier à votre sujet. Il me paraît que tout est bien suivant vos désirs : mais ces
vins les inquiètent, et, sans les vins, il n'y aurait
rien à faire : car tout ce monde est diablement altéré. Le mot de la demande est, dans le cas où les vins
n'arriveraient pas, si vous y suppléerez. Je n'ai pas
pu répondre, parce que cela dépend de vos forces ac-
tuelles et du degré d'intérêt que vous mettez à la
réussite. Il est nécessaire que vous vous voyiez,

— Eh! qu'est-ce que M. Duverney répondit
à cet amphigouri de vins? nous dit dédaigneusement le comte de la Blache en rele-
vant un peu les narines, et se balançant sur
son siége : on est assez curieux de le voir?—
Il a répondu, monsieur le comte, sur le même
papier, de sa main, une chose fort claire pour
moi, quoique assez obscure pour tout autre.
La voici :

Que les vins arrivent ou n'arrivent pas, cela paraît
égal : on en trouvera toujours au besoin, soit du
bourgogne ou du champagne : il faut attendre encore la réponse.

— Quoi! de son écriture?—Vous pouvez en
juger; je produis la pièce. — Répondu sur le
même papier? — Avec l'empreinte de son cachet et du mien, en signe que le billet est rentré comme il était sorti.—Cela est bien étrange! dit le comte de la Blache en se levant brus-
quement. — Cela est ainsi, dit le sieur de
Beaumarchais en s'asseyant tranquillement.
Mais laissons ce vin, et tirons-en d'une autre
futaille : celui-ci aura quelque chose de plus
piquant encore. C'est moi qui parle dans cette
lettre, en prévenant toujours le lecteur qu'il

doit regarder comme un chiffre tout ce qui devient inintelligible et sort du langage ordinaire.

Mais avant que d'aller plus loin, j'observe que ce qui caractérise encore mieux le commerce libre et dégagé que nous avions ensemble, est la remarque suivante, que je prie le lecteur de vérifier après moi. C'est que le répondant, entre nous deux, prenait toujours le style de celui qui écrivait le premier, afin que, la même figure étant continuée, la réponse offrît un sens clair à celui qui devait la recevoir.

Ainsi, lorsque M. Duverney m'écrivait, si, pour mieux envelopper ses idées, il déguisait son style et sa main sous le voile d'une femme écrivant à son ami, cette espèce de chiffre ou d'hiéroglyphe, si clair pour moi, devenait tellement obscur pour tout autre, que, lorsque j'avais répondu sur le même papier, d'un style analogue au sien; en supposant le commissionnaire infidèle ou négligent, il était impossible à tout autre qu'à nous de deviner de quoi il s'agissait. Et c'est, messieurs, par de tels moyens, avec des commerces ainsi déguisés, que les politiques de tous les temps ont voilé les secrets de leurs correspondances intimes aux curieux, aux espions, aux ennemis, et même aux légataires universels.

De ces lettres écrites en premier par M. Duverney, et répondues par moi sur le même papier, on sent bien que je n'en ai point, et le fait que j'expose en donne la raison : elles étaient répondues sur le même papier. Mais si, par hasard, après une conflagration crue générale, j'ai retrouvé quelques fragments ou quelques-unes de celles que je lui écrivais, et auxquelles il répondait de sa main, sur le même papier et dans notre *style oriental* (comme nous l'appelions), n'est-il pas évident qu'il en résultera la même preuve en faveur du commerce particulier qui m'est contesté si bêtement ? Ainsi, malgré l'opposition du comte de la Blache, et la consultation des Sous-signés, mon observation subsiste (comme dit Dacier).

J'envoyais à M. Duverney une petite lettre d'une grande importance ; il fallait réponse aussitôt ; je m'enveloppais plus qu'à l'ordi-naire en écrivant, parce que l'occasion était infiniment grave. Je lui écrivais donc :

Lis, ma petite, ce que je t'envoie, et donne-moi ton sentiment là-dessus. Tu sens bien que, dans une af-faire de cette nature je ne puis rien décider sans toi. J'emploie notre style oriental à cause de la voie par laquelle je te fais parvenir ce bijou de lettre. Dis ton avis ; mais dis vite, car le rôt brûle. Adieu, mon amour. Je t'embrasse comme je t'aime. Je ne te fais pas les amitiés de la Belle : ce qu'elle t'écrit t'en dira assez.

— Ah! pour le coup, monsieur de Beaumar-chais, vous vous moquez, de prétendre qu'une pareille extravagance ait pu jamais être en-voyée à M. Duverney! Vous, jeune homme, « qui ne vous êtes jamais présenté chez lui que comme son redevable et comme son obligé (page 13), » vous le tutoyez ? vous l'appelez *ma petite?* Allez, vous mériteriez.....

— *Dulciter,* soussignés ! Allons doucement, monsieur le comte ! Entendons-nous, mes-sieurs! Réellement vous êtes encore un peu jeunets sur les affaires du monde et de la po-litique.

Sans parler du temps présent, dont je ne dirai mot, et pour cause, qu'eussiez-vous donc pensé de notre bon roi *Henri IV* et de ses se-crétaires d'Etat *Villeroi* et *Puisieux,* qui s'amu-saient, comme de grands enfants, à tout défi-gurer dans le monde, en écrivant à *la Boderie,* ambassadeur de France à Londres; à se nom-

mer, lui, roi *le Cordelier;* la reine d'Espagne,
l'Asperge; le roi de Pologne, *la Sauterelle;* le
landgrave de Hesse, *le Chapon;* le royaume de
Naples, *la Tarte;* les puritains anglais, *les Dé-
goûtés;* enfin, le consistoire de Rome, *la basse-
cour,* etc., etc.? Réellement vous êtes un peu
jeunets, *Soussignés* (1) !

Mais, avant de gronder le sieur de Beaumarchais, voyez la réponse de M. Duverney
sur le même papier, de sa main, et du même
style oriental, usant aussi de la douce liberté
du tutoiement : et puis levez la férule après,
si vous l'osez, sur le jeune homme d'autrefois :
il n'est pas moins follet que celui d'à présent
que vous voulez châtier.

La voici, cette réponse, qui certes renfermait
un sens bien éloigné de celui qu'elle offre aux
Soussignés.

Je ne saurais comprendre comment on a conçu
cette idée, dont l'exécution passe mes lumières. Je
souhaite que ce soit un bien pour TA maîtresse. Il
suffit qu'elle soit de TON avis. Le mien serait déplacé
entre amant jaloux et femme bien gardée. Je crois
qu'il est difficile de réussir. JE LE BRULE.

Ma foi! je veux encore joindre au procès ce
drôle de billet, afin que le comte de la Blache
ait le plaisir de s'inscrire en faux contre *la
petite.* — Non, monsieur, ce n'est pas contre
la petite qu'on s'inscrira, c'est contre votre billet lui-même. — Eh! pourquoi? — Parce que
celui de M. Duverney ne peut être la réponse
au vôtre, écrit sur le même papier; et pour le
coup, nous vous tenons. — Vous m'effrayez!
— M. Duverney ne finit-il pas son billet par
ces mots : *je le brûle?* — Certainement. — Fort

(1) *Vid.* Lettres de Henri IV, et de MM. de Villeroi
et de Puisieux à M. Antoine Lefèvre de la Boderie,
ambassadeur de France en Angleterre, depuis 1606
jusqu'en 1611, in-8°, édition d'Amsterdam, 1773.

bien. Mais s'il a brûlé le vôtre, comment se trouve-t-il ici par accolade au sien? Vous nous expliquerez cela, si vous pouvez, quand il en sera question : nous vous donnons du temps pour y rêver. — Je n'en veux pas, messieurs. Débiteur aussi net qu'indulgent créancier, je vous dois une explication, la voici :

Mon billet commence par ces mots : « Lis, ma petite, CE QUE JE T'ENVOIE, et donne-moi ton sentiment là-dessus », et finit par ceux-ci : « Je ne te fais pas les amitiés de la Belle : CE QU'ELLE T'ÉCRIT t'en dira assez. » Or, ce que M. Duverney brûla, ce fut *la lettre de la Belle*, dont la mienne était le passeport. Il ne m'écrivit même que pour m'assurer... — Passons, passons, monsieur de Beaumarchais! ce n'est pas cela que nous voulions dire : et nous avons tant d'autres preuves !...

— Avant de passer, messieurs, je vous ferai seulement observer que voilà plusieurs réponses de M. Duverney, portant ces mots : *brûle-moi, je te brûle*, etc. Ceci servira d'éclaircissement, si vous le permettez, au premier article de l'acte du 1er avril, où je m'engage de rendre en mains propres trois papiers importants sous les nos 5, 9 et 62, ou de les *brûler*, s'ils ne me revenaient qu'après la mort de M. Duverney. Passons maintenant.

Eh bien, graves censeurs ! très-haut, très-puissant et très-désintéressé légataire ! que dites-vous de tout ceci? Malheureusement, dans un homme du caractère de M. Duverney, vous êtes forcés d'avouer qu'il faut au moins respecter ce qu'on ne peut comprendre : car d'aller s'attacher au sens littéral, en vérité, vous seriez beaucoup plus indécents que vous ne m'avez reproché de l'être ! Or, comme la question d'aujourd'hui n'est pas d'expliquer ce que voulaient dire tous ces chiffres, ces hiéroglyphes, mais seulement de constater, de bien prouver qu'il y avait deux commerces entre M. Duverney et Beaumarchais, l'un public, ostensible et simple, et *tel que la différence des âges et des états* le comportait ; et l'autre, non-seulement bien familier et sans façon, mais d'autant plus mystérieux et badin, que l'objet en était plus grave, et la perte des billets plus dangereuse ; ne pensez-vous pas, comme moi, que j'ai porté la preuve de ce fait aussi loin qu'elle peut aller ?

J'ai d'autres billets encore ; entendez-vous ? J'en ai encore ; mais en voilà bien assez pour montrer combien peu sensée, peu réfléchie est la consultation des *soussignés*, et combien plus audacieuse et sans vergogne est l'âme de celui qui me force à me laver ainsi de ses calomnies, quoique tous ces écrits lui eussent passé sous les yeux longtemps avant qu'il fût question de procès entre nous !

D'après ce que vous venez de lire, ô défenseurs du comte de la Blache ! jugez de quel mérite est à mes yeux votre grave commentaire (pages 46 et 47) sur le dernier *alinéa* de ma lettre du 22 septembre 1769, où vous m'accablez du poids de votre sainte colère : la tirade est trop curieuse pour n'en pas régaler le lecteur.

Enfin, l'indécence de la dernière partie de la lettre est tellement révoltante, qu'elle suffira pour porter la conviction dans tous les cœurs honnêtes, que la lettre n'a point été faite pour parvenir à M. Duverney. Dans son billet, celui-ci mandait : *J'ai remis le billet doux à sa destination : le monde m'a empêché de le faire lire ; on l'a mis dans la poche, et on a promis réponse dans deux jours.* Il est sensible qu'un billet doux envoyé à M. Duverney pour le faire lire à quelqu'un ne pouvait être que pour une personne dont le sieur de Beaumarchais sollicitait la protection ; mais comme il était essentiel à son roman de supposer entre lui et M. Duverney la plus grande familiarité, il s'est porté à l'excès de mettre dans sa

*prime : Ci-joint un billet doux : vous m'entendez ?
lisez, mon ami, et dites que je ne suis pas un amant
attentif. Aussitôt arrivé, mes premiers vœux sont
pour les plaisirs de la petite, etc...*

Ici finit ma citation. Sublimes commentateurs! qui vous êtes creusé si gratuitement le cerveau pour nous donner en consultation un chef-d'œuvre aussi long que celui d'un inconnu, quoique moins bon, puisqu'il faut tout dire, n'êtes-vous pas un peu honteux d'avoir été, comme des étourneaux, donner dans le piége ridicule que le seigneur ON vous a tendu sur ce commerce familier? Vous lavera-t-il de la honte d'avoir été si grossièrement sa dupe, et d'avoir insulté un honnête homme à plaisir sur sa périlleuse parole?

Comment ne vous est-il pas venu à l'esprit, en voyant dans la réponse de M. Duverney, du 22 septembre 1769, le mot étrange de *billet doux* écrit de sa main, que le jeune Beaumarchais n'ayant pu conduire la plume du vieillard Duverney, lorsqu'il répondait, puisque celui-ci consentait à puiser dans la lettre de l'autre l'expression figurée de *billet doux*, par laquelle j'avais désigné la lettre jointe à la mienne, il fallait pourtant bien que cette expression follette, *orientale*, eût un sens mystérieux? Mais surtout comment n'y avez-vous pas reconnu la trace de la douce familiarité annoncée entre les deux amis, puisque le plus âgé ne dédaignait pas, en répondant, d'user des mêmes tournures badines employées par le plus jeune! Comment n'avez-vous pas vu cela! J'en suis désolé! Je vous croyais plus forts d'intelligence et de conception!

Maintenant que vous en savez autant que moi sur la nature de ce commerce familier, je reprends ma question, et vous donne à mon tour un long temps pour y répondre. Que dites-vous de votre ennuyeux commentaire de

cinquante-huit pages sur l'acte du 1er avril,
et sur les lettres qui l'accompagnent? N'en
êtes-vous pas un peu honteux?

Mais si le tort de ces illusions, de ces insinuations, est tout au comte de la Blache, un
artifice qui vous appartient en entier, et qu'on
ne peut excuser en des gens honnêtes, comme
ceux dont j'aperçois les signatures au bas de la
consultation, c'est, en citant, en rapportant
nos lettres familières, d'avoir toujours affecté,
pour tromper le lecteur, de commencer par
donner les réponses de M. Duverney comme
écrites les premières, et de n'avoir jamais cité
qu'après elles mes lettres, qui, dans l'ordre naturel de leur style, semblent au moins avoir
été dictées avant les siennes. Vous êtes-vous
flattés qu'un artifice aussi niais et puéril
tromperait quelqu'un?

Voyez vous-mêmes la pitoyable figure que
vous faites dans votre consultation (page 48),
en nous donnant pour un billet écrit le premier cette réponse de M. Duverney : « Il faut
se voir avant de rien ordonner. Le temps est
trop court! » Et celui-ci, de moi, comme écrit
le second :

« Puisque mon bon ami craint d'employer
son notaire, *à cause de ses malheureux entours*, je
vais commander l'acte au mien : s'il l'approuve, il sera fait demain au soir, et on lui portera tout de suite à signer, etc.?... » Le billet :
« Il faut se voir avant de rien ordonner. Le
temps est trop court : » ne serait-il pas bien
intelligible, s'il n'eût été précédé d'un autre
auquel il répond? Et n'est-il pas, au contraire,
la réponse naturelle d'un homme qui veut
examiner encore, et surtout insister en con-
versant sur son éloignement pour un notaire?
Voilà ce que je ne puis vous pardonner, en ce
que cela est partial et de mauvaise foi.

Ici, l'avocat-commentaire ajoute (page 49) :

« De plus ces mots *avant de rien ordonner*, ne peuvent pas se rapporter à un compte. » — Vous avez raison, seigneur licencié! mais ils se rapportent fort bien à *un acte* qu'on veut *commander* à un notaire.

« Par quelle raison, ajoute encore le licencié, M. Duverney aurait-il craint son notaire? » (p. 49, à la suite.) — Il l'aurait craint, bachelier, par des raisons que j'expliquerai plus loin en mettant au jour *les ruses du comte de la Blache*, et je vous promets de n'y pas oublier ce qui paraît vous agiter en ce moment.

Et cette autre réponse de M. Duverney à mon billet du 6 mai 1770 n'a-t-elle pas bonne mine à être citée par vous comme première lettre? *Je ne le puis, par des raisons que je vous dirai*. Je ne le puis... Quoi? l'on avait donc demandé quelque chose? Et si M. Duverney ne pouvait *remettre encore au porteur les contrats reçus ou billets sollicités* dans ma missive du même jour, sa réponse n'était-elle pas aussi simple que naturelle? *Je ne le puis par des raisons que je vous dirai.* — Tout cela ne détruit pas mes conjectures, dit le comte de la Blache : *Is fecit cui prodest :* voilà mon raisonnement.

— Il est savant, votre raisonnement! ne veut-il pas dire : celui-là fit le billet à qui le billet devait profiter? — Fort bien.

— Mais que penseriez-vous, monsieur, d'un avocat qui s'essoufflerait à vouloir vous persuader qu'entre deux billets écrits d'amitié, celui qui contiendrait ces mots : *Fort bien Dieu merci, et vous?* serait la demande; et celui qui offrirait ceux-ci : *Comment vous portez-vous, Monsieur?* la réponse? Ne vous permettriez-vous pas de rire un peu du bavardin? *Rideamus quoque; nam tu es ille vir! O digne baccalauree!* Moi aussi je parlerai latin, puisque chacun montre sa science. En effet, un argument en *us* de temps en temps ne dépare pas un mémoire, et cela orne bien une procédure.

Cependant, si toutes les lettres que je viens d'entasser ne sont pas réellement les réponses à celles auxquelles je prétends qu'elles répondent sur le même papier, il faut avouer au moins qu'elles sont les réponses à quelque chose de moi pour M. Duverney.

O judicieux, intègre légataire, c'est vous que j'interroge, vous qui avez trouvé plusieurs lettres ostensibles de moi dans son secrétaire, et qui les y avez laissées avec tant de scrupule ! vous y aurez vu sans doute aussi toutes celles qui m'ont valu les réponses que je présente ? et pour gagner votre cause en arguant mes lettres de faux, la moindre chose que vous puissiez faire est de nous montrer les véritables.

Il serait bien étonnant que, sur une foule de lettres importantes écrites par moi, dont j'ai produit les réponses, vous n'eussiez trouvé dans le bureau que deux ou trois billets qui n'ont aucun rapport au sien, et qui par là n'en servent que mieux à prouver qu'il y avait deux commerces entre nous indépendants l'un de l'autre : le premier marchant gravement, simplement, mais ne disant rien, parce que la voie qui le faisait parvenir était publique et dangereuse aux secrets, et de cette nature sont les trois lettres que vous citez : l'autre, sans protocole, sans gêne et tel que je le trouve, écrit et répondu sur le même papier; tant dans les lettres qui se rapportent à l'acte du 1er avril, que dans celles qui ne s'y rapportent pas.

Montrez-nous-les donc, toutes ces lettres auxquelles la foule des réponses de M. Duverney sont applicables ! alors je vous donne quittance et je m'avoue vaincu. Cela est-il net ?

En 1761, j'ai acheté une charge de cinq cent mille livres ; en 1762 une autre de soixante-dix mille livres; en 1763 une maison de soixante mille livres, etc. Où j'avais de l'argent pour les payer, et alors je n'étais pas ce jeune homme altéré de fortune que vous dites! ou je n'a ais pas d'argent, et quelqu'un m'en a prêté. Cherchez dans l'univers un seul homme, autre que M. Duverney, qui m'ait alors obligé de cent francs ; amenez-le-moi : je vous donne quittance et je m'avoue vaincu. Cela va-t-il bien encore ?

Lorsque j'avoue que M. Duverney m'a prêté plus de huit cent mille livres, lorsque vous-même avez imprimé ces mots dans les premiers mémoires que vous n'osez plus produire : « La fortune de M. Duverney était un butin que le sieur de Beaumarchais croyait lui appartenir ; » que ne profitez-vous de mon offre? Ou je dois ces sommes considérables, ou je les ai payées. Si je les dois encore, montrez-en les titres ; si je les ai payées par un autre arrangement, montrez-en les traces, et sur ces traces ou titres, je vous donne quittance et je m'avoue vaincu. Suis-je honnête et franc à votre avis? A vous à parler, mon ennemi! car c'est bien tout, je crois ?

— Comment? tout. Et ces trois lettres des 8 février, 4 juin et 11 octobre 1760, sur lesquelles vous passez à vol d'oiseau? Ce certificat si fort du médecin, qui contredit votre lettre du 7 juillet 1770? et surtout cette date du mercredi 9 mai 1770, appliquée sur l'indication *samedi* 11, de M. Duverney, que nous avons si ingénieusement reprochée (pages 51, 52, 53), et sur laquelle, à vrai dire, nous avons fondé tout le gain de notre cause, vous l'oubliez donc? vous la laissez à part sans oser y toucher? Quand on a tort, on est toujours pris par quelque endroit !

— Vous avez raison, messieurs, quant aux trois lettres ostensibles de 1769; aussi n'est-ce pas par oubli que je les écarte en ce moment, mais pour en orner la seconde partie de ce mémoire, intitulée : *Les ruses du comte de la Blache.*

Je devrais bien y porter aussi ma réponse au certificat mendié du médecin, car c'est là sa vraie place : mais puisque j'y suis invité, autant vaut-il que je l'expédie.

Le médecin vous a donc certifié que, dix jours avant sa mort, M. Duverney, gaillard et dispos, ne ressentait ni chagrin, ni incommodité? Comme je crois plus à la bonhomie du docteur qu'à la vôtre, ce n'est pas lui que j'interroge : il a pu se tromper sur le physique, ignorer le moral, et voir mal en tout. Mais vous qui passiez la vie en faction dans sa chambre, vos yeux attachés sur ses yeux, à piper l'héritage, à le hâter par vos désirs, comment ignoriez-vous ce que sa famille, ses commis, ses valets, tout le monde enfin savait chez lui, que c'est moins la vieillesse qui l'a emporté qu'un violent chagrin qui l'a tué? Comment pouvez-vous l'ignorer, vous? puisque je le savais, moi; puisque ma lettre, à laquelle il répond le 7 juillet 1770, fixe la nature de ses peines et lui rappelle qu'il me les a confiées peu de jours avant?

En effet je l'ai vu si désolé, si furieux dans notre dernière entrevue, le 3 ou 4 juillet, quoique ses gens et les miens eussent été forcés de m'enlever de ma voiture et de me porter dans son cabinet, parce que j'étais mourant moi-même; il pouvait si peu se modérer en me parlant, qu'après avoir passé deux heures à m'efforcer de le calmer, j'emportai l'affreuse certitude que ce chagrin le mettrait au tombeau.

Voilà ce qui me fit presser, par ma lettre

du 7, le retour de mes papiers et de mes fonds;
ce qui me fit ajouter, quoique très-peu en état
d'écrire :

Comment va votre santé ? surtout, comment va
votre tête? Vous savez bien que je n'approuve pas
l'excessif chagrin que vous avez pris de ce dernier
tracas. *Mon ami*, cette Ecole-Militaire vous tuera! Si
vous êtes content de ce que le roi a reçu votre mémoire, qu'importe ce que pense le ministre de la route
que vous avez prise pour cela? Madame... était tout
aussi bonne qu'une autre. A l'égard de la colère de
M..., *mon bon ami*, quand on a fait le bien toute sa
vie, et que l'on a quatre-vingt-quatre ans de vertus
et de travaux sur la tête, on est bien grand! voilà
mon avis; donnez-moi de vos nouvelles.

L'infortuné répond sur le même papier à
mon affaire, et finit ainsi sa lettre :

Je suis toujours au même état; il ne se changera
qu'avec de la patience, cinq ou six jours de lit. Mon
bras se sent du changement de temps. MA TÊTE EST SI
PLEINE DE MA MALHEUREUSE AFFAIRE, QUE JE NE SUIS PLUS
MAÎTRE DE MA TRANQUILLITÉ. Je compte vous voir à
votre retour.

Soixante heures après il est alité par ce
chagrin, comme il l'avait prévu; dans moins
de six jours, le malheureux homme est sous
la tombe : et un insidieux héritier, contre ma
lettre, contre la réponse de M. Duverney,
contre la notoriété publique, contre sa con-
science (à la vérité qu'il foule aux pieds sans
scrupule), vient donner le démenti le plus
absurde au chagrin, à la souffrance, à la mort
du vieillard.

M. Duverney m'écrit : *Je suis incommodé, ma
tête est trop pleine, etc.* Il meurt presque en l'é-
crivant; et parce que son héritier se portait
bien, était joyeux quand il mourait de chagrin, cet héritier veut que l'on croie sur sa
parole. Il ira jusqu'à vouloir nous persuader

que le malade ne savait pas ce qu'il disait **en** écrivant : *Je souffre.*

Au reste, monsieur le comte, sur ces mots de sa dernière lettre : *Mon bras se sent du changement de temps*, ce n'est pas assez qu'un docte médecin, à votre réquisition, lui donne un démenti sur sa douleur passagère *au bras* : il n'y a ici d'effleuré par le certificat du docteur que cette moitié de l'aveu du veillard, *mon bras se sent*... et quoique le médecin dût mieux savoir, sans contredit, que le malade, si ce malade souffrait ou non, je ne me rends pas, que vous n'ayez joint à son certificat celui d'un faiseur de baromètres, qui, démentant ce reste de la phrase... *du changement de temps*, nous atteste aussi que le mercure, à cette époque, n'a pas varié d'un degré dans le tube. Alors il faudra bien avouer, malgré nous, que la lettre de M. Duverney, la mienne, son chagrin, sa maladie, sa mort même, ne sont que des chimères! Mais comment avez-vous oublié le faiseur de baromètres? vous, l'homme aux certificats! l'homme aux ruses, aux précautions d'avance! N'êtes-vous donc plus le véritable *Falcoz?* Réellement vous vous négligez un peu sur ce procès-là!

Quant à l'erreur d'indication et non pas de date, que M. Duverney a faite en répondant à ma lettre *du 9 mai 1770*, je croyais qu'après avoir si bien, si clairement fondé la vérité des lettres familières qui se rapportent à l'acte du 1er avril, par leur suite et leur parfaite analogie avec celles qui ne s'y rapportent pas, je pouvais me dispenser d'abuser de votre indulgence, en défendant une légère erreur de désignation faite par M. Duverney. et non par moi-même. Mais puisque vous n'êtes pas fatigué de m'écouter, je vais joindre à la preuve analogique la preuve irrésistible d'un fier argument: et puisque c'est tout de bon que

ce fait vous paraît grave, il faut s'y arrêter.
En effet, j'ai vu que vous aviez fait corner
tous les exemplaires de votre mémoire en cet
endroit pour qu'on les remarquât.

Le comte de la Blache a fait, dit-il, une dé-
couverte absolument décisive pour le gain
de son procès : il s'est aperçu qu'en réponse à
l'un de mes billets, daté *du 9 mai* 1770, et fi-
nissant par ces mots : « A quand donc la
bonne fortune? je suis tous les jours a l'ordre
comme un mousquetaire; je ne le puis *ni demain, ni vendredi* »; ce qui constate d'abord que
mon billet fut écrit le *mercredi 9 mai* 1770; il
a découvert, dis-je, que M. Duverney m'a répondu sur le même papier, au lieu de *samedi*
12, ces mots : « Samedi 11, à huit heures du
soir, ou dimanche à la même heure. » Et tout
joyeux de sa trouvaille, il emploie une page
et demie à tirer d'une légère erreur de M. Duverney, la juste induction que sa réponse ne
saurait s'appliquer à mon billet *du 9 mai*, mais
qu'elle appartient à une lettre écrite le 8 février 1769, et voici comment il raisonne. En
vérité, cela est aussi lumineux que judicieux !

Le sieur de Beaumarchais, composant après
coup, dans son cabinet, une prétendue lettre
écrite pour cadrer à la réponse faite depuis
longtemps par M. Duverney, a cru de bonne
foi que, le samedi désigné étant le 11 mai, il
n'avait qu'à mettre sur le sien, ce 9 mai ; que
par là sa lettre semblerait antérieure de deux
jours à celui qui était indiqué pour rendez-
vous. « Malheureusement il n'a pas été consulter l'almanach de l'année 1770; car il y aurait
vu que dans le mois de mai 1770 il n'y avait
pas de samedi qui fût le 11, etc. » (page 55)

Je n'affaiblis pas l'objection, comme on voit;
au contraire, je la rends plus claire en la dé-
barrassant de cet entortillage de style qui fait

de tout ce mémoire un ambigu si lourd et si difficile à comprendre.

Mais prenez garde, avocat! vous vous fourvoyez! Il ne fallait pas accorder au fripon pour qui vous me donnez, que *malheureusement il n'a pas été consulter l'almanach de l'année* 1770. Par cet aveu maladroit, vous lui passez gain de cause entier! voyez vous-même.

Ces termes de mon billet : *Je ne le puis, ni demain ni vendredi*, prouvent clairement que je l'aurais écrit comme envoyé le *mercredi*. Si je l'avais composé après coup, et *sans l'almanach de l'année*, à l'aspect de ces mots, *samedi* 11, d'un billet dont je voulais abuser, j'aurais dit, en comptant par mes doigts et rétrogradant à mesure, *samedi* 11, *vendredi* 10, *jeudi* 9, et j'aurais daté mon faux billet *du mercredi* 8 *mai*. Mon erreur alors appuyant celle du billet Duverney, j'étais pris comme un sot; car deux hommes en s'écrivant ne font pas, chacun de leur côté, l'erreur de reculer d'un jour la vraie date de leur lettre : une pareille fortuité devient trop improbable.

Mais il n'en va pas ainsi, mon cher! j'ai daté *du* 9 *mai*. Le corps de mon billet prouve qu'il fut écrit le *mercredi*, et *l'almanach de* 1770, *que malheureusement je n'ai pas consulté*, nous montre que ce *mercredi était le* 9 *mai*. Donc, pour me supposer faussaire, vous deviez, ô avocat! renonçant à votre majeure, établir au contraire que j'avais l'*almanach* sous les yeux en appliquant le billet après coup, Donc vous ne savez ce que vous dites en assurant que je ne l'avais pas. Donc vous n'avez encore rien prouvé. Voilà pour une : essayons l'inverse à présent.

J'avais donc l'*almanach* sous les yeux en composant mon infamie! Mais si je l'ai consulté pour dater aussi juste *du mercredi* 9, comment n'aurais-je pas vu d'un coup d'œil que, si *mercredi* était le 9 *mai*, le samedi suivant ne pouvait être le 11, puisqu'il y a trois jours pleins entre eux ; qu'ainsi je ne devais pas, en datant mercredi 9, user d'un billet indiquant samedi 11, pour essayer d'enlever au comte de la Blache quinze mille francs sur son pauvre legs de quinze cent mille livres?

S'il est probable que M. Duverney, donnant rapidement un rendez-vous demandé, ait pu se tromper en désignant *samedi* 11, au lieu de *samedi* 12 (car sa légère erreur est de désignation future), il n'est nullement probable que M. de Beaumarchais, enfermé dans son cabinet et consultant à froid un *almanach de l'année* pour dater son faux billet si juste du *mercredi* 9, ait eu la *gilerie*, la *sottise*, d'appliquer sa date à côté de *samedi* 11, qui lui crevait les yeux.

Et ne voilà-t-il pas que, pour me dénoncer faussaire, il vous faut aussi renoncer à la seconde hypothèse, que j'avais l'*almanach* sous les yeux, quand je connus si bien que ce *mercredi était le* 9; ou que *ce 9 était un mercredi ?* Donc, pour me faire une aussi sotte insulte, il faut commencer par dévorer l'étrange et double absurdité de ne pouvoir poser en principe, *ni que j'avais l'almanach sous les yeux, ni que je ne l'avais pas ;* ce qui fait crouler tout votre édifice et ramène à la seule idée possible, naturelle et vraie que l'aspect des choses présente. M. de Beaumarchais écrit le *mercredi* 9 *mai* 1770, à M. Duverney : « A quand la bonne fortune ?... Je ne le puis ni demain ni vendredi : tous les autres jours sont à mon bon ami. » Et M. Duverney, voyant que M. de Beaumarchais ne peut venir ni demain *jeudi* ni vendredi, lui assigné un rendez-vous légèrement pour *samedi* ou dimanche, et au lieu de mettre *samedi* 12, il se trompe et met *sa-*

medi 11 *à huit heures du soir ou dimanche à la même heure.*

Cela est-il clair? et lorsque vous m'avez dit, flatteur, que vous êtes, (page 11), que j'étais *un jeune homme de beaucoup d'esprit,* ne me faisiez-vous donc ce compliment que pour tomber ensuite dans la contradiction risible de m'accuser partout de n'avoir fait que des bêtises? Voilà pourtant de quelle force vous argumentez dans toute la plénit de de vos cinquante-huit pages, funeste raisonneur? A la vérité, cela devrait ne me rien faire : mais vous me forcez à devenir aussi ennuyeux que vous, pour réfuter clairement vos affreuses inepties : voilà ce que je ne puis vous pardonner !

— Eh bien ! monsieur de Beaumarchais ! quand vous devriez vous irriter davantage, nous ne pouvons nous empêcher d'observer encore sur votre analogie, que tous les billets répondus par M. Duverney, et qui se rapportent à l'acte du 1er avril, sont plus secs, plus décharnés, plus dénués de bonté, de familiarité, que ceux qui lui sont étrangers. Comment cela se fait-il? étiez-vous donc brouillés, peu d'accord entre vous ? Quoi donc ?

— Ah ! ah ! messieurs ! c'est que je ne les ai pas tous produits, ces billets : quoique, en honneur, le comte de la Blache les eût tous vus avant le procès; mais indépendamment de ceux que je n'ai plus, parce qu'il y en eut beaucoup de brûlés ou déchirés avant l'explication et la clef que je viens de vous donner, j'aurais craint que le ton badin et mystérieux qui règne en quelques-uns de ceux qui me restent, interprété malignement par vous, ne nuisît à la mémoire du plus respectable des hommes. Mais rien ne devant me retenir, après avoir tout éclairci, je ne crains plus de vous montrer.... celui-ci, par exemple, qui,

daté du 15 juin 1770, est postérieur à la signature de l'acte du 1er avril, et qui, malgré son
badinage, s'y relate en toutes ses parties.
Puisque j'ai la demande et la réponse, on
sent assez que c'est moi qui écrivis le premier.

Ce 15 juin 1770.

Un peu de notre style oriental pour égayer la ma-
tière. Comment se porte LA CHÈRE PETITE? Il y a
longtemps que nous ne nous sommes embrassés. Nous
sommes de drôles d'amants! nous n'osons nous voir,
parce que nous avons des parents qui font la mine :
mais nous nous aimons toujours. Ah çà, MA PETITE!
je vous ai rendu lettres et portraits ; voudriez-vous
bien faire de même ? à la fin, je me fâcherai. Autre
article : depuis la grande pancarte, cette pancarte qui
fait que, de très-enchevêtrés que nous étions, nous
ne sommes presque plus rien l'un à l'autre, j'ai eu
affaire avec quelques fleuristes qui commencent à me
presser pour les fleurs que je leur ai promises. LA PE-
TITE sait bien que, dans l'origine, le mot fleurette si-
gnifiait une jolie petite monnaie, et que compter fleurette aux femmes était leur bailler de l'or; ce qui a
tant plu à ce sexe pompant, qu'il a voulu que le mot
restât au figuré dans le galant dictionnaire.

Je voudrais donc que LA PETITE me comptât fleurette
sur l'article de la balance de la grande pancarte, et
qu'elle m'en composât un beau bouquet : les fleurs
jaunes sont d'un usage plus commode. Ces jolies fleurs
jaunes à face royale, que nous avons tant fait trotter
pour le service de LA PETITE autrefois !... Je ne la taxe
pas pour la grosseur du bouquet ; je connais sa ga-
lanterie. Mais lundi est le jour de la fête où ce bouquet doit passer aux fleuristes. LA PETITE veut-elle
bien dire quand je pourrai envoyer chez elle?

J'ai rapporté cette lettre badine en entier,
parce qu'à travers le voile de la frivolité de
son style, on ne laisse pas d'y reconnaître
tous les objets de l'acte sérieux du 1er avril
précédent, et ceux dont les autres billets sont
remplis. On y voit que les *lettres et portraits
rendus, les autres redemandés,* sont tous les titres remis par moi et ceux promis par M. Du-

verney; que *la grande pancarte qui fait que*,
de très-enchevêtrés, etc., est l'acte au 1er avril.
*Alors, compter fleurette sur l'article de la balance
de la grande pancarte* n'a plus besoin d'explication. *Ces jolies fleurs jaunes que nous avons tant
fait trotter autrefois pour le service de* LA PETITE,
n'en ont pas besoin non plus. Rien enfin n'est
si clair, si sérieux, quoique si badin, que cette
lettre.

Elle présente encore à nos juges un aspect
plus satisfaisant pour moi, c'est que, ne pouvant évidemment se rapporter qu'aux objets
graves et consignés dans l'acte du 1er avril
1770, elle se reflète à son tour avantageusement sur les lettres étrangères à l'acte que
j'ai citées, et forme la preuve la plus forte que
le sens littéral de toutes ces lettres badines
n'est qu'un masque ou le *domino* sous lequel
deux hommes d'État iraient se concerter mys-
térieusement au bal de l'Opéra.

— Tout cela va fort bien, monsieur de Beaumarchais. Mais cette lettre et l'induction que
vous en tirez ne peuvent avoir de force et de
valeur, selon vos expressions même, *se refléter
avantageusement sur les autres lettres* et les en-
chaîner toutes aux liaisons qui ont fondé
l'acte du 1er avril, qu'en supposant que la réponse de M. Duverney serait autre chose qu'un
rendez-vous tout sec, et qu'il s'y avouerait,
par exemple, être *la Petite* à qui vous deman-
dez si librement des *fleurs jaunes.*

— Très-volontiers, messieurs. Voyons si
M. Duverney, blessé de mon ton leste et libre,
en a pris un plus sec, plus sévère et plus ré-
primant, dans sa réponse écrite sur le même
papier, de sa main; la voici mot pour mot :

Soyez demain à neuf heures du matin CHEZ LA PE-
TITE; elle vous offrira le BOUQUET de la fête de lundi.
Ce n'est pas sans peine que l'on a rassemblé les
FLEURS les plus rares dans le moment présent.

Rapprochons maintenant la lettre et la réponse, ou plutôt laissons les réflexions. Graves éplucheurs ! si cette pièce vous embarrasse aujourd'hui, vous la parfilerez tout à votre aise; car je la joins aux autres pièces du procès, quoique tout cela soit, comme je l'ai dit, fort inutile au soutien ou au débat de l'acte inexpugnable du 1er avril 1770. Mais c'est vous qui m'y forcez; et je ne veux rien vous laisser à désirer.

Une seule question, seulement, monsieur de Beaumarchais, sur ce billet. Fûtes-vous chez la petite le lendemain? — Non pas ce jour-là, ni les suivants, judicieux questionneur! — Eh pourquoi donc? devant y prendre de l'argent et des papiers, cela n'était-il pas très-intéressant pour vous? — Certainement, mon cher monsieur; mais par malheur ce fut le 15 même, à huit heures du soir, que je tombai si dangereusement malade d'une fièvre absorbante, et qui m'a tenu plus de deux mois au lit, tant à la ville qu'à ma maison de Pantin, comme cela est authentique à Paris. L'on sent bien que je ne pouvais donner une pareille commission à personne : c'est ce qui fit que, trois jours après, tourmenté de l'idée que M. Duverney devait être bien surpris de ne m'avoir pas vu, je lui écrivis de mon lit le billet suivant :

Ce 18 juin 1770.

M. de Beaumarchais, qui est dans son lit avec une fièvre que l'on qualifie de spasmodique (c'est le terme de M. Tronchin), a l'honneur d'en donner avis à M. Duverney. C'est ce qui l'a empêché d'aller rappeler au souvenir et à la bonté de M. Duverney qu'il doit lui remettre des papiers importants, lesquels, à vrai dire, feraient grand plaisir au pauvre malade.

Je souffrais, mon ton était simple et grave. Un laquais de ma femme portait ma lettre. Or ce n'était ni le temps de badiner, ni celui d'être sec dans sa réponse; un ton familier même y eût été déplacé, puisque je ne l'avais pas pris dans le mien. Aussi le bon, l'honnête, le judicieux, le respectable M. Duverney prend-il, en me répondant, le ton sérieux de l'intérêt le plus vif.

Votre santé m'inquiète, monsieur; faites-m'en donner des nouvelles tous les jours, jusqu'à ce que je puisse vous voir, ce que je désire ardemment.

On ne peut pas s'empêcher d'être un peu frappé de ces mots dans un billet sérieux, *ce que je désire ardemment* : à l'instant où je suis malade, en me priant *de lui faire donner de mes nouvelles tous les jours*; quand on a lu dans la consultation du comte de la Blache (page 55) « que jamais le sieur de Beaumarchais n'en a reçu un seul mot d'honnêteté par écrit. »

— Mais peut-être aussi ce billet n'est-il pas pour vous? — Pardonnez-moi, messieurs, il est pour moi, répondu de sa main, sur le même papier; et quoique le mien fût plié, cacheté, par moi, en simple billet, même sans adresse, il me l'a renvoyé sous enveloppe, avec cette adresse de sa main : *A monsieur de Beaumarchais, à Paris*; cacheté de ses armes.

— Tout cela paraît sans réplique, monsieur : cependant il nous reste encore un scrupule. Toutes les réponses de M. Duverney, écrites au haut d'une page ou d'une feuille, nous paraissaient offrir une si grande facilité à l'abus qu'on pouvait en avoir fait, qu'avec les insinuations du comte de la Blache, nous avons été, ma foi, plus qu'à demi persuadés que vos billets étaient appliqués après coup sur ces prétendues réponses.

— Avec votre permission, messieurs, il n'est pas vrai que toutes les réponses de M. Duverney soient écrites au haut des pages ou des feuilles; elles sont, d'un sens, de l'autre, à côté, dessus, derrière, sur le même ou sur le second feuillet, etc.

— Oui, mais il n'y en a pas une seule écrite d'une façon irrésistible, et qui porte la conviction dans l'âme que ce qui semble vous répondre est invinciblement la réponse à votre lettre. Quoi! pas un seul billet de M. Duverney qui soit placé, par exemple, immédiatement au-dessous de votre écriture à vous? de façon qu'il soit impossible à l'homme le plus difficile, en le voyant, d'imaginer que M. Duverney eût choisi, pour vous adresser quelques mots, le milieu ou les deux tiers de la page, et vous eût laissé au-dessus de son billet une grande place blanche pour y appliquer le vôtre après coup? Comme une telle façon d'écrire un premier billet serait absolument improbable, en le voyant servir de réponse au vôtre écrit dessus, il n'y aurait plus de moyen de douter que le vôtre n'eût été écrit le premier, et que celui de M. Duverney ne fût la vraie réponse à laquelle nous n'hésiterions plus de nous rendre; et c'est alors seulement que nos doutes sur un commerce libre entre vous deux, toujours répondu sur le même papier, seraient levés; alors la puissante analogie que vous invoquez serait dans toute sa force et nous laisserait sans réplique.

En vérité, messieurs, ne doutez pas que, dans plus de six cents lettres ou billets brûlés par moi, il ne s'en trouvât quelques-uns écrits et répondus comme vous le désirez. Mais dans ceux qui me restent et qu'on m'a forcé très-inutilement de produire au soutien d'un acte qui n'avait nul besoin de soutien, s'il ne s'en trouve pas d'écrits ainsi, c'est par la raison ou que mes billets remplissaient toute la première page, ou que, devant replier la lettre qu'il me renvoyait, afin que son cachet ne

tombât pas sur la place déchirée par le mien,
M. Duverney a presque toujours retourné le
feuillet ou le papier pour me répondre. Que
sais-je! et comment pourrais-je expliquer la
bizarrerie de pareilles fortuités!

— C'est pourtant cela seul qui pourrait nous
convaincre.

— Eh! monsieur l'avocat-virgule! A quel
misérable pointillage attachez-vous votre prétendue conviction! Quand on se rend si mi-
nutieux sur les preuves, on n'a guère envie
d'être convaincu!

Cependant voyons... Comme je veux essayer
de vous complaire en tout, je vais joindre aux
pièces du procès encore un billet à sa réponse, à la vérité très-inutile à l'acte du
1er avril, mais au moins propre à vous satisfaire. Je l'ai par hasard dans les mains, et il
remplit si bien toutes les conditions par vous
exigées, que j'espère après cela que vous me
laisserez tranquille. Il est sans date, et se
rapporte à des envois d'argent qui regar-
daient personnellement M. Duverney. Je lui
écrivais :

Vous avez oublié, *ma chère amie,* de donner vos
ordres au petit bonhomme, et tout est resté là. Je ne
puis pourtant pas tarder davantage. Si vous voulez
dire à mon commissionnaire ce qu'il doit faire, je
vous saurai un gré infini de cette complaisance, et
je vous en remercierai demain au soir. En vérité, je
ne puis reculer mon envoi. Samedi matin.

— Toujours, *ma chère amie?* ma chère amie
à M. Duverney! On ne s'accoutume pas à
cela.

— Eh! certainement, mon cher! Comment
cela vous émeut-il encore! Le but de ma complaisance en vous montrant ce billet n'est pas
de réveiller la question du style, et de rabâ-
cher dix fois pour en justifier le figuré, mais
de vous faire échec et mat sur les pointilleuses

preuves exigées par vous d'un commerce écrit
et répondu sur le même papier, mais répondu
si certainement à mes billets écrits, qu'il n'y
ait plus moyen de dire *non*.

Examinez donc bien celui-ci, ces deux écritures, sa forme, son papier, ses déchirures,
ses plis, ses cachets, et surtout brûlez-vous
les yeux sur la place de la réponse. Elle est
de la main de M. Duverney, répondant à *ma
chère amie*, écrite sur la même page que mon
billet, immédiatement au-dessous de mon
écriture, du même sens, aux trois quarts de
la page vers le bas, et ce billet ne contient
que ces mots :

Je n'ai pas vu le petit; demain je vous arrangerai.

Certes, messieurs, s'il a choisi cette place
exprès pour m'écrire quatre mots bien respec-
tueusement aux trois quarts de la page,
et qu'il ait laissé au-dessus tout le reste en
papier blanc, afin que je pusse en abuser au
bout de dix ans contre son légataire, il était
aussi ridicule ce jour-là qu'il fut stupide le
jour qu'il mit, dit-on, sa signature et la date
fixe du 1er avril 1770 au bas du second verso
d'une grande feuille de papier à la Tellière;
ce qui m'eût laissé quatre pages de grand
blanc où j'aurais pu placer, non une créance
détaillée de quinze mille livres, mais bien une
en trois cents articles de quinze cent mille
livres et qui eût absorbé l'héritage!

Et le comte de la Blache, qui vous a fait
écrire et soussigner tant d'injurieuses absurdités, messieurs, avait pourtant vu toutes ces
lettres longtemps avant le commencement du
procès.

— Oh ! monsieur de Beaumarchais! voilà
trop de fois aussi que vous répétez que le
comte de la Blache avait vu toutes ces lettres
avant le procès! Il faut vous fermer la bouche

au moins sur cet objet, en vous prouvant qu'il n'en connaissait rien, lorsqu'il vous fit sommer de déclarer de quelle main était l'écriture de l'acte du 1er avril, puisqu'il nous a fait imprimer (page 16 de notre consultation) :

« Naturellement il dut naître des inquiétudes, des soupçons : mille idées durent se présenter à l'esprit *(du comte de la Blache)* : tout annonçait une œuvre mystérieuse, une entreprise aussi hardie que profondément méditée. Mais comment la pénétrer? Comment la démasquer? Le comte de la Blache essaya de tirer quelques lumières du sieur de Beaumarchais lui-même : le 25 septembre 1771, il le fit sommer de déclarer, *etc.* »

— Et c'est le comte de la Bache qui vous fait imprimer de si belles choses?

— Le comte de la Blache lui-même.

— Et c'était le 25 septembre 1771 qu'il avait tant d'inquiétude et de désir d'obtenir ces éclaircissements de moi?

— Le 25 septembre 1771.

— Bonnes gens que vous êtes, vous ne savez pas encore votre *Falcoz* par cœur ! Apprenez donc, avocats candides et naïfs, ou qui feignez de l'être! que dix mois avant l'époque du 25 septembre 1771, et six mois avant qu'il fût seulement question du procès entre le légataire et moi, ce seigneur avait vu chez Me Mommet, mon notaire, rue Montmartre, à Paris, l'acte du 1er avril, toutes les lettres qui s'y rapportent, et même beaucoup de celles qui ne s'y rapportent pas. Que loin de désirer des éclaircissements que je le pressais de recevoir à l'amiable, ce bon seigneur les fuyait dès lors comme la peste; et c'est ce que je vais vous prouver sans réplique.

— Nous vous arrêtons, monsieur de Beaumarchais! Prenez garde, et réfléchissez avant tout que vous taxez là un gentilhomme, un officier général, d'une chose infâme ! Avant d'aller plus avant, voyez comme il vous fait accuser par nous d'avoir fabriqué ces lettres *dans le cours du procès*, APRÈS COUP, *et pour répondre aux objections de* Me Caillard, son avocat! Voyez ce qu'il nous fait imprimer (p. 53) ·

On lui objectait que l'écrit du 1er avril ne prouvait point la remise des pièces. Il m'a fait cette lettre *(après coup)* pour prouver cette remise.

Après de telles déclarations d'un homme d'honneur, dire et soutenir qu'il avait vu toutes ces lettres longtemps avant le procès?..... Prenez garde, monsieur, prenez garde! Voyez donc ce qu'il nous fait articuler (p. 42) :

Pour se tirer du mauvais pas où il s'était engagé, il a formé le projet de faire passer ses petits écrits de M. Duverney comme des réponses à des lettres qu'il a *forgées* et *écrites*... à des lettres qu'il a *imaginées après coup*.

Rien de si positif que ces déclarations! Prenez donc garde, monsieur, à ce que vous allez dire! Savez-vous bien qu'il y a de quoi perdre à jamais et déshonorer l'un de vous deux? Et si vous aviez une fois écrit un pareil fait sans le prouver!... Tenez, lisez encore ce qu'il nous fait imprimer (p. 53).

ON *lui objectait* que, dans l'écrit du 1er avril, il était dit dans un endroit : le contrat de rente viagère en brevet ; et en un autre endroit : la grosse du contrat : *c'est pour lever cette équivoque qu'il met dans sa lettre* (subaud. *après coup*), le brevet ou le contrat en brevet.

Après des faits si positivement articulés, à qui persuaderez-vous que M. le comte de la Blache, un homme de condition, un maréchal de camp, ayant vu ces lettres, fût assez vil !..

— Halte-là, messieurs, à mon tour ! Laissons les qualifications, et voyez mes preuves. Elles sont tirées d'un petit commerce épistolaire aigre-doux, qui fournit quelques lettres entre le légataire et moi, peu après la mort du testateur. J'ai (Dieu merci) conservé la copie des miennes et les originaux des siennes.

Après plusieurs lettres et réponses, une lettre de moi du 30 octobre 1770 portait cette invitation itérative au comte de la Blache...

Je me suis pressé de renvoyer à mon notaire mes papiers qu'il m'avait rendus, comme inutiles chez lui, jusqu'à déposition pour minute, etc.

J'ai donc l'honneur de vous proposer encore une fois de nous rassembler chez ce notaire. Je désire que vous puissiez engager une personne impartiale et instruite à vous y accompagner. Quelles que soient vos intentions, comme nul homme sensé ne plaide contre l'évidence et ses propres intérêts, j'espère que la communication de mon titre, ET LES EXPLICATIONS QUE JE SUIS PRÊT A VOUS DONNER SUR LES MOTIFS DE SON EXISTENCE, vous porteront à prévenir, par un arrangement à l'amiable, des demandes juridiques, auxquelles je ne me détermine jamais qu'à la dernière extrémité.

J'ai l'honneur d'être, etc.

Signé : CARON DE BEAUMARCHAIS.

Que répondit à ces invitations *le légataire universel*, devenu si fier de son nouveau titre?

Ce 31 octobre.

La seule proposition que je puisse accepter, monsieur, est celle que vous me fîtes, il y a QUELQUE TEMPS, de faire remettre chez M. Mommet, votre notaire, vos TITRES ET LETTRES A L'APPUI, EN ORIGINAUX, afin que je puisse les examiner moi-même et en prendre connaissance; toute entrevue deviendrait inutile et ne conduirait à rien avant ce travail. JE CROYAIS M'EN ÊTRE EXPLIQUÉ ASSEZ CLAIREMENT dans ma dernière, etc... (*Il est fier, notre ennemi !*)

J'ai l'honneur d'être, etc.

Signé : LA BLACHE.

Elles existaient donc en octobre 1770, ces *lettres en originaux, à l'appui de l'acte,* puisque le fier légataire avoue dans sa lettre du 31 que, *depuis quelque temps*, je lui avais offert de les soumettre à son examen chez mon notaire ! J'offrais donc aussi tous les éclaircissements possibles !

— Il n'y a plus moyen, à la vérité, de douter que les lettres n'existassent : mais il est possible encore, à la rigueur, que M. de la Blache ne les ait pas vues avant les procédures.

— Je sais bien, messieurs, qu'il le nierait, s'il osait : mais comme je n'ai pas le temps de lui en laisser le loisir ; que ce n'est pas sans preuves que je l'ai dit ; et que ses premiers mémoires l'attestent, je le répète : oui, messieurs, il les a vues, lues, tenues et relues avant le procès, chez mon notaire, le *mardi 6 novembre* 1770, et c'est encore lui-même qui va vous le prouver. J'avais écrit à ce seigneur le 6 *novembre au matin.*

Mon titre de créance est chez M. Mommet, monsieur : je le lui avais remis avant de vous écrire ma dernière lettre, où JE CROYAIS M'EN ÊTRE EXPLIQUÉ ASSEZ CLAIREMENT (*phrase du légataire dont je me parais aussi*, à fiérot, fier et demi). Si la crainte de m'y rencontrer vous a empêché d'en aller prendre communication, vous le pouvez toute la soirée aujourd'hui : M. Mommet m'a promis de vous y attendre, etc... Avec des procédés un peu plus honnêtes, vous auriez obtenu de moi des éclaircissements de toute nature, mais peut-être avez-vous vos raisons pour ne pas vous soucier de les recevoir.

J'ai l'honneur d'être, etc.

Signé : CARON DE BEAUMARCHAIS.

Et que répond l'héritier, bouffi de colère à l'aspect d'un créancier de quinze mille francs, dans un héritage de quinze cent mille francs, tombé du ciel ? Il me répliqua à l'instant :

Quoique je ne me croie point obligé, monsieur, de répondre à VOTRE EMPRESSEMENT sur la connaissance que vous désirez DEPUIS S LONGTEMPS que je prenne de votre titre de créance, JE PASSERAI CE SOIR CHEZ VOTRE NOTAIRE pour en examiner la teneur, etc... QUANT AUX ÉCLAIRCISSEMENTS que j'y aurais gagnés (*à m'y voir*), et dont vous me flattez, NE VOULANT RIEN OBTENIR, IL ÉTAIT ASSEZ SIMPLE DE NE RIEN DEMANDER, etc...

Je suis très-parf..., etc.

Signé : LA BLACHE.

Il y alla le soir même, et pour mieux procéder à l'*avération* des écritures, il y mena le sieur Dupont, depuis intendant de l'Ecole-Militaire, alors exécuteur testamentaire de M. Duverney, et qui, ayant été toute sa vie son secrétaire, connaissait bien son écriture : il y mena le sieur Du Coin, caissier de M. Duverney, qui la connaissait bien autant : il y mena d'autres personnes encore, non une fois, mais plusieurs. Me Mommet leur montra l'acte et les lettres *en original :* là, tout fut examiné, bien lu, commenté par le noble héritier : mais avec des éclats ! avec une fureur qui le mena jusqu'à dire « que si j'avais jamais cet argent, dix ans se seraient écoulés, et que j'aurais été *vilipendé de toute manière auparavant ?* »

Depuis, et sous l'époque du 11 décembre 1770, Me Mommet, à ma prière, eut encore l'honnêteté de porter l'acte et les lettres *en original* avec un mémoire explicatif chez Me d'Outremont, avocat de ce riche légataire, son conseil y étant assemblé : ce qui est aussi constaté par deux lettres de l'adversaire et de moi. Et c'est d'après son examen critique et celui de tant de connaisseurs, que je l'ai pressé de toutes les façons de prendre contre l'acte du 1er avril la voie de l'inscription de faux, la seule qui, légalement, lui fût ouverte, et c'est d'après ces examens aussi qu'il l'a toujours éludée ; voulant bien, comme je l'ai dit, me dénigrer publiquement, pourvu qu'il ne courût pas le danger de m'accuser juridi-

quement : et si l'on veut que je me modère?...
Il le faut cependant.

Que résulte-t-il de tout cela, très-gracieux *soussignés?* C'est que des lettres vues long-temps avant le procès entamé n'ont pu être fabriquées, comme il vous le fait dire, long-temps après le procès entamé : c'est que toutes ces lettres que j'ai, dit-il, *forgées après coup pour me tirer du mauvais pas* où les mémoires et les bruyants plaidoyers du porte-voix Gaillard me jetaient en 1772, je viens de prouver qu'il les avait connues et très-aigrement commentées de 1770, c'est-à-dire deux ans avant *les objections* du porte-voix et mes prétendus *embarras* d'y répondre.

Il en résulte encore que, loin qu'en septembre 1771 le comte de la Blache, inquiet, fût empressé d'arracher de moi de premiers éclair-cissements sur l'acte qu'il attaque, ses écrits prouvent que, dès 1770, il les avait aigrement refusés de moi. « Quant aux éclaircissements dont vous me flattez, ne voulant rien obtenir, il est assez simple de ne rien demander » (di-sait-il dans sa lettre du 6 novembre 1770).

Maintenant que tous ces petits faits sont bien éclaircis, à votre aise, messieurs, sur les qualifications! de ma part, j'estimerais que, n'y ayant point ici d'ânerie, ce ne serait pas le lieu d'appliquer les oreilles dont j'ai parlé plus haut : l'écriteau seul m'y paraît convenable avec ces mots : *calomniateur avéré.*

Mais vous qu'il voulait rendre ses complices, avocats trop confiants! comment n'avez-vous pas senti que chez lui c'était un parti pris? que l'unique artifice de sa misérable défense est d'intervertir l'ordre naturel de toutes les choses écrites, de nier l'évidence même, et d'injurier, injurier, injurier?...

En vérité, l'esprit se soulève et se révolte à tout moment: et s'il y a des bornes à la patience même la plus absurde, il faut avouer qu'on a besoin de les reculer encore, pour qu'elle n'échappe pas à chaque objet de cette affreuse discussion? Non! si l'espoir de charger, de couvrir un injuste ennemi de l'indignation de tous ceux qui me liront, ne modérait mon âme et n'enchaînait ma plume! A chaque période, une fièvre de fureur allumant mon cerveau, je rugirais comme un insensé! je couvrirais mon papier des explosions d'une colère exaltée, au lieu des raisons que je dois et veux y consigner uniquement! Mais aussi, quel indigne métier fait depuis six ans ce comte de la Blache? Et, s'il était capable de rentrer en lui-même! quelle terrible réflexion pour un homme de nom qui s'honore de ses aïeux de penser qu'après un tel procès jamais ses descendants ne pourront s'honorer de lui!

Il me hait, a-t-il dit, *comme un amant qui aime sa maîtresse!* c'est à-dire avec passion ; et il l'a bien prouvé. Mais qui pourra jamais deviner tout ce que je réprime en lui répondant!

Lorsque j'allais remercier les juges du conseil de ce qu'ils avaient anéanti l'indigne arrêt rédigé par ce Goëzman en faveur de son protégé la Blache, un magistrat, raisonnant avec moi de cette affaire, et me parlant avec intérêt du grand succès que je venais d'obtenir, me dit : On a supprimé votre dernier mémoire, quoique bien frappé, parce qu'en effet il est un peu trop vif.

— Trop vif, monsieur! ni vous, ni aucun magistrat que je connaisse, n'êtes en état de juger cette question. Il me regarde avec étonnement : Comment donc? que dites-vous?

— Pardon, monsieur, si je vous ai jeté dans un moment d'erreur! mais ne vous méprenez plus à mon intention : elle est pure, et ce n'est pas votre amour-propre que j'attaque, c'est votre sensibilité que j'interroge Avez-vous jamais rencontré dans le monde un homme assez lâche, assez insolent pour vous crier pendant six ans, à la face du public, que vous étiez un fripon sans autre droit qu'une injuste et criminelle avidité? Non, sans doute, me répondez-vous. Eh bien! pardon, monsieur, mais vous qui n'avez jamais éprouvé de tels outrages; vous qui fronciez déjà le sourcil au seul soupçon que j'effleurais votre amour-propre! comment pourriez-vous juger du degré de ressentiment permis à un homme d'honneur, indignement attaqué et poursuivi, depuis dix ans, par la haine et la calomnie sur tous les points délicats de son existence? — Il s'apaisa, me prit par la main avec bonté. J'en ai parlé, me dit-il, non en homme, mais en juge austère; et je ne puis vous blâmer de votre excessive sensibilité.

Résumons-nous maintenant, en rappelant au lecteur l'important aveu de l'avocat qui s'intitule les *Soussignes*, imprimé par lui (page 40 de sa consultation), et les grands motifs qu'il allègue ensuite pour le combattre.

Si les lettres rapportées sont parvenues à M. Duverney, et si à chacune d'elles il a fait la réponse qui y est appliquée par le sieur de Beaumarchais, il s'ensuivra très-certainement que M. Duverney a eu la plus parfaite connaissance de l'écrit du 1er avril; qu'il a travaillé lui-même à le former, à le corriger, à le mettre en l'état où il est.

Tel est ce terrible aveu, contre lequel après nous l'avons vu délayer, dans cinquante-huit pages de noir et de blanc, les fameuses objections qui suivent.

Mais comme ON *nous a dit* qu'il n'y avait jamais eu de liaisons particulières ni d'affaires secrètes entre eux; qu'ON *nous a certifié* que la fausseté d'un pareil commerce est non-seulement prouvée, mais que ce commerce est injurieux à M. Duverney, à sa mémoire, à ses principes, à son âge, à sa vertu; qu'ON *nous a exposé* n'en avoir jamais vu aucune trace *dans les papiers de l'inventaire ni ailleurs;* que le sieur de Beaumarchais n'en rapporte en preuve que les seuls billets qui se rapportent à l'acte du 1er avril, et qu'ON lui objecte comme frauduleux; lesquels même ON nous assure n'avoir été imaginés *après coup que pour répondre à mesure aux objections dont il était pressé dans tous les plaidoyers et les mémoires,* et pour étayer un acte qu'ON nous dit suspecté de faux, en même temps qu'il est rempli de dol, de fraude et de lésions (quoique l'une de ces suppositions exclue absolument l'autre) ; de plus, comme ON avoue n'avoir jamais rien su de ce qui s'était passé entre les contractants, et n'avoir trouvé, depuis qu'ON est légataire en possession, aucun renseignement sur ces affaires secrètes, ce qui rend nos conclusions bien vigoureuses contre l'acte; et comme ON nous atteste en outre que si le sieur de Beaumarchais a d'autres écrits de M. Duverney, ON *peut dire sans témérité qu'il se gardera bien de jamais les joindre au procès;* ON se flatte, nous nous flattons, et nous estimons que le sieur de Beaumarchais doit perdre avec dépens ledit procès au Parlement d'Aix, comme ON sait qu'il l'a perdu à la commission, au rapport du conseiller Goezman. Eh! comment pourrait-il ne pas le perdre encore? Un ancien colonel dragon, nous honorant de ses pouvoirs, n'est-il pas inexpugnable avec de tels moyens, de tels défenseurs? etc.. etc. *Et adoraverunt draconem qui dedit potestatem bestiæ? dicentes: Quis similis draconi et bestiæ? et quis poterit pugnare cum eis*; (*Apoc.* cap. XIII, v. 4.)

En effet, ne semble-t-il pas, en lisant tout ceci, que cet avocat, frappé de la force irrésistible de l'acte qu'il combat, de la plénitude et

du poids de mes preuves, comparées au creux
sonore, au vide effrayant des siennes, n'ait
fait suivre son redoutable aveu de tous ces
on dit pitoyables que pour m'inviter, en
m'expliquant de plus en plus, à couvrir
mon ennemi d'une opprobre ineffaçable ? Je
vous ai compris, *soussignés* ! et je l'ai fait. Vous
venez de voir mes preuves sur la liaison, sur
le commerce intime et non interrompu qui
fut entre M. Duverney et moi. Tout est prouvé ;
tout est dit de ma part.

Si donc vous n'êtes pas trop mécontent de
la façon claire et sans faste dont j'ai justifié
ma conduite en cette première partie, encore
un peu d'ennui, lecteur : il ne vous restera
rien à désirer sur celle de mon adversaire, ni
sur aucun des points de cet affreux procès,
lorsque vous aurez lu ma seconde partie, intitulée : *Les ruses du comte de la Blache.*

SECONDE PARTIE

Les ruses du comte de la Blache.

L'avantage du noble n'est pas d'être juste ;
c'est le devoir de tous ; mais d'être assez avantageusement placé sur le grand théâtre du
monde pour pouvoir s'y montrer généreux et
magnanime. Ainsi l'homme de nom qui trans-
porterait la bassesse et l'avidité dans un état
dont l'honneur est la base, dans un état qui
n'a de défaut que de porter trop loin peut-être
les conséquences de ce noble principe, en per-
drait bientôt les avantages ; et l'opinion publique, juge le plus rigoureux, le ravalant au-
dessous de ceux que le hasard ou la fortune
avait mis au-dessous de lui, ne tarderait pas
à lui prouver qu'un nom connu n'est qu'un
fardeau pour celui qui l'a dégradé par une
conduite avilissante.

A quoi tend cet exorde ? dira le comte de la Blache.

— C'est qu'on m'a rendu, monsieur, que vous disiez dans Aix, avec ce dégagement dédaigneux d'un grand homme humilié du plus vil adversaire : « Ne suis-je pas bien malheureux ! il n'y a qu'un Beaumarchais au monde ; il faut que le sort me l'adresse ! »

Non, monsieur le comte, non : ce n'est pas le sort qui vous adressa ce Beaumarchais. Les deux serpents qui vous rongent le cœur, l'avarice et la haine, vous ont seuls mis sur les bras ce redoutable adversaire.

Quoi ! il n'y aura que deux vilaines passions hors de l'enfer ! pendant vingt ans votre cœur s'en sera gorgé ! et vous êtes surpris qu'il en sorte quelque angoisse ! Quand on donne imprudemment asile à de tels hôtes, on mérite au moins d'en être tourmenté. Jugez quand on les encense.

Ce Beaumarchais que vous ne feignez ici de mépriser que pour masquer la frayeur qu'il vous cause, il ne vous cherchait pas ; et votre sottise est de l'avoir méconnu en vous attaquant à lui ! Mais voyez comme nous sommes loin de compte : pendant que vous êtes assez vain pour croire vous commettre en vous mesurant avec lui, pour ne pas payer quinze mille francs, il a la fierté de gémir de la nécessité de descendre à votre ton pour vous les demander : et si son honneur n'était pour rien dans le procès que vous lui faites, il y a longtemps que le roturier peu riche, humilié de plaider aussi longtemps contre vous pour un objet si méprisable, aurait jeté sa quittance au noble millionnaire, qui l'aurait ramassée.

Ne vous targuez donc plus d'être homme de condition, dans la crainte que les gens qui ne connaissent pas les vertus distinctives de la

noblesse ne viennent à la haïr, à la calomnier
en voyant votre conduite avec moi. Conten-
tez-vous de plaider comme légataire et non
comme noble ; et ne répandez plus sur le
premier état des hommes une flétrissure qui
n'est pas due à votre naissance, mais à votre
caractère.

Je me suis souvent fait cette question : Le
comte de la Blache me hait-il parce que je ne
veux pas qu'il me ruine, ou voulait-il me ruiner parce qu'il me haïssait? Voilà tout mon
embarras sur vous. Pour décider la question,
il faudrait descendre en votre âme. Eh! qui
l'oserait? il faudrait y voir quelle passion y
domine le plus, l'amour ou la haine : la haine
de ma personne ou l'amour de mon argent.
Essayons.

M. Duverney nous a tous deux aimés, l'un
austèrement, l'autre avec faiblesse ; moi
comme un homme, et vous comme un enfant : il s'est trompé sur l'un de nous deux.
Voyons sur lequel il a fait cette grande
faute.

Il ne me connaissait pas : j'errais dans le
monde, il m'a rencontré. Fixant sur moi son
œil attentif, il a cru me trouver du caractère,
une certaine capacité, le coup d'œil assez juste
et les idées assez mâles et grandes; il m'a
confié tous ses secrets, ses chagrins et ses
affaires. Il m'a plutôt estimé que chéri. Depuis sa mort, éprouvé coup sur coup par tous
les genres d'infortunes, jeté dans le grand
tourbillon du monde et des affaires, et nageant
toujours contre le courant, je ne suis plus assez inconnu pour qu'on ne puisse apercevoir
déjà si, dans le trouble ou le travail, dans le
bonheur ou dans l'adversité, j'ai démenti son
opinion et déshonoré son jugement.

Plus faible à votre égard, monsieur, après
vous avoir enlevé à vos nobles, mais pauvres

parents, vous avoir adopté comme un fils,
avancé de son crédit et soutenu de tout son
or dans le service, il a fini par dépouiller pour
vous sa famille entière, sous le vain espoir
qu'élevé par ses soins du fond de la médiocri-
té jusqu'à la plus haute fortune et le grade
le plus honorable, cet arrière-neveu respecte-
rait sa mémoire, et deviendrait le père et le
soutien de cette même famille qu'il vous a sa-
crifiée !

Grâce à lui, vous voilà maréchal de camp,
et je veux croire que vous avez dû l'être,
puisqu'en effet vous l'êtes ! Mais comment
avez-vous reconnu tant de bienfaits ? quelle
conduite avez-vous tenue envers vos parents
et les siens ? j'ai vu son espoir sur vous de
son vivant : je les ai tous entendus depuis sa
mort.

Les pauvres, et ceux qu'il comptait doter
par vous, regardant comme la juste punition
de votre dureté d'avoir en tête ce fier adversaire qui vous a tant fait avaler le poison de
votre injustice, m'ont tous écrit pour me sup-
plier de mettre leurs droits sous l'égide du
mien en vous faisant connaître.

Les riches, enchantés de votre sottise, ont
cru trouver dans mes fières répliques la
vengeance de toutes les petites noirceurs et
continuelles intrigues qui les ont écartés d'un
oncle utile, et vous ont mis à leur place au
centre de sa succession.

Mais éloignant de cet écrit ce qui est étranger à la défense de mon honneur, quand j'aurai montré quel homme vous fûtes en tous
les points de nos démêlés, j'en aurai dit assez
pour qu'on soit en état de juger laquelle de
nos deux âmes est la roturière, lequel de
nous deux est l'homme petit et vil; enfin lequel a justifié ou démenti l'estime et l'adoption de notre commun bienfaiteur.

Le 9 mars 1770, au plus fort de la discussion des intérêts qui ont fondé l'acte du 1er avril suivant, j'écrivis à M. Duverney une lettre devenue d'un si grand intérêt par son rapport intime à tout ce que j'ai dit plus haut, et qui jette un si grand jour sur ce qui me reste à dire, que je ne puis m'empêcher de la rapporter presque en entier.

Ce 9 mars 1770.

J'ai lu fort attentivement, MON BON AMI. (J'espère à présent que *mon bon ami* ne choque plus personne, et que la grande induction qu'on a tirée contre moi de ces expressions familières est dans la fange à l'instant qu'on lit ceci.) J'ai lu fort attentivement, MON BON AMI, les corrections que vous avez faites à notre acte sous seing privé. Mais quelque chose que vous puissiez dire, je ne sortirai pas de société pour les bois. Je vous réitère l'offre que je vous ai déjà faite de vous laisser le tiers en entier pour vous seul (voyez à ce sujet ma lettre du 9 janvier précédent); et prenez le temps qu'il vous plaira pour me rembourser, ou bien mettez-moi en état de suivre tout seul, par un fort prêt d'argent, à des conditions qui me dédommagent. Vous étiez assez de cet avis l'autre jour; mais je ne puis soutenir qu'en cas de mort vous me plantiez vis-à-vis votre M. le comte de la Blache, que j'honore de tout mon cœur (*ah! mon Dieu, oui, je l'honore!*); mais qui, depuis que je l'ai vu familièrement chez madame d'H..., ne m'a jamais fait l'honneur de me saluer. (*N'oubliez pas, lecteur, qu'il y avait alors près de onze ans que le comte de la Blache ne me saluait plus, ceci trouvera sa place.*) Vous en faites votre héritier, je n'ai rien à dire à cela (*je savais donc fort bien que M. de Falcoz était son héritier: il ne faut pas l'oublier non plus*); mais si je dois, en cas du plus grand malheur que j'aie à craindre, être son débiteur, je suis votre serviteur pour l'arrangement, je ne résilie point. (*Je connaissais donc très-bien dès ce temps-là l'homme avec qui la fortune m'a mis depuis aux prises, et je m'en expliquais assez librement, comme on voit.*) Mettez-moi vis-à-vis mon ami Mezieu, qui est un galant homme, et à qui vous devez, MON BON AMI, des réparations depuis longtemps. (*Depuis longtemps, lecteur; cela est essentiel à retenir*.) Ce n'est pas des excuses qu'un oncle doit à son neveu, mais des bontés, et surtout DES BIENFAITS, quand il a senti qu'il avait eu tort avec lui : je ne vous ai jamais fardé mon opinion là-dessus. (*Lecteur, vous en aurez la preuve à l'instant*.) Mettez-moi vis-à-vis de lui. Ce souvenir que vous lui laisseriez de vous, lorsqu'il s'y attend le moins (*il y avait en effet plus d'un an que je n'avais vu M. de Mezieu*), ce souvenir... *ouvrira son cœur à une reconnaissance digne du bienfait*, etc.

Voilà les phrases qui, à la vue de ces lettres, chez mon notaire, en 1770, avant le procès entamé, ont mis le légataire en fureur, et lui ont fait dire, avec quelques gros jurons : « Que si j'avais jamais cet argent, dix ans seraient écoulés avant ce terme, et que j'aurais été vilipendé de toute manière auparavant. »

Ah! monsieur de Beaumarchais, vous vouliez ouvrir son cœur pour un héritier naturel! Des bienfaits à M. de Mezieu! à ce neveu qui avait été si utile à l'établissement de l'Ecole Militaire! des bienfaits aux dépens de l'arrière-petit-neveu Falcoz, qui voulait tout envahir! dix ans de dénigrement public : lecteur, il m'a tenu parole, en voilà déjà huit de passés.

Tel est donc le grand motif de la haine, le *punctum vitæ* de toutes les injures qu'on m'a faites et dites dans les deux procès dont le comte de la Blache fut l'auteur ou l'instigateur : il n'y a fils de bonne mère, en France, qui n'ait appris par mes mémoires dans quel abîme de malheurs ce haineux héritier m'a voulu plonger, et comment il s'entendait avec ses amis Goëzman et Marin pour les combler, s'il eût été possible, comment il ne se lasse pas encore d'en boire la honte et le déshonneur public.

Lecteur! examinez, je vous prie, ce que le

comte de la Blache répond à ma lettre du 9 mars, après l'avoir rapportée (page 50). Voyez avec quelle force de raisons et de preuves il en détruit la véracité.

Il est clair, *dit-il*, que cette lettre a été faite après la mort de M. Duverney. (*Vous allez voir comment cela est clair, suivez-le bien.*) Les lettres des 8 février, 24 juin et 11 octobre 1769 trouvées sous les scellés, la sécheresse des billets de M. Duverney; l'extrême disproportion d'âge, d'état, de condition, d'occupations, TOUT DÉMONTRE QU'IL N'Y AVAIT JAMAIS EU LA MOINDRE FAMILIARITÉ ENTRE M. DUVERNEY ET LE SIEUR DE BEAUMARCHAIS. D'où aurait-il donc su que M. Duverney faisait le comte de la Blache son héritier? (*Les preuves en vont fourmiller.*) Confie-t-on à des étrangers le secret de ses dernières dispositions? (*Et de cela aussi.*) Aurait-il osé donner des leçons à M. Duverney et s'initier dans les secrets de la famille, si même il était vrai qu'il y eût quelque légère discussion entre l'oncle et le neveu?

— S'il est vrai qu'il y eût quelque légère discussion? Non, monsieur le comte de la Blache, il n'y en avait plus lorsque j'écrivais cette lettre en 1770, parce que ce neveu, qui n'avait jamais désiré la fortune, mais les bonnes grâces de son oncle, était content de les avoir recouvrées, et ne désirait rien au delà. Mais vous qui feignez ici de révoquer ces discussions en doute, vous savez bien que dix ans avant l'époque de 1770 il y en avait eu beaucoup! vous savez par l'intrigue et les ruses de qui ce neveu, homme du plus grand mérite, chef des études de l'Ecole militaire, et l'auteur de son code tant estimé, vous savez par quelle intrigue il se vit écarté de son oncle à l'instant où le testament se faisait ou qu'il était prêt à se faire; car cet acte a précédé de dix ans la mort du testateur; et vous n'ignorez pas non plus par le courage et les travaux de qui ces deux hommes, si dignes de s'aimer, furent raccommodés!

Ce jeune homme si dédaigné, qui *n'avait jamais eu*, selon vous, *aucune familiarité avec M. Duverney*, dès 1761, osa seul tenter ce grand ouvrage! car la trame de votre intrigue avait été si bien tissue et tellement serrée, que personne autour de l'oncle n'osait plus lui parler du neveu. Et ce jeune homme tout seul, que M. Duverney avait initié dans les secrets de sa famille, et qui osait déjà lui donner des leçons, suivant vos termes (page 50), mais qui, dans les miens, ne voulait autre chose que prouver à M. Duverney qu'on lui en imposait sur le compte de son neveu; ce jeune homme qui savait dès ce temps que M. Duverney faisait le comte de la Blache son héritier, et que cet héritier en herbe écartait tous ceux qui pouvaient avoir droit à l'héritage du grand-oncle, opposa son courage à l'injuste colère de M. Duverney contre son neveu. Pendant ce temps, à la vérité, le négociateur fut si bien soutenu par les soins que M. de Mezieu se donnait en Bretagne pour les affaires de M. Duverney, qu'au retour du neveu, le jeune homme en question parvint à le remettre dans les bras de son oncle.

Et comme les seules réponses du légataire universel sont de toujours nier les faits, jusqu'à ce qu'enfin la preuve et la confusion publique, arrivant à la fois, le fassent tomber dans la rage mue, en le réduisant au silence; entre dix lettres que M. de Mezieu écrivit de Bretagne en 1761, au négociateur Beaumarchais, je ne rapporterai que ces fragments d'une seule : ils sont suffisants pour convaincre nos juges et le public de la candeur des imputations du comte Alexandre-Joseph Falcoz de la Blache, *Appelant*; contre son adversaire, Pierre-Augustin Caron de Beaumarchais, *Intimé*.

Comme je ne puis de ce pays obtenir assez

tôt de M. Pâris de Mezieu son aveu, pour publier une de ses anciennes lettres, je lui présente mes excuses de l'imprimer sans sa permission, et je le fais avec d'autant moins de scrupule, qu'elle ne contient que des choses infiniment honorables pour lui.

A Carcé, le 31 décembre 1761.

Si j'ai eu quelque impatience, monsieur, en ne recevant point de vos nouvelles, l'objet la rend excusable, et vous etes plus fait que personne pour en juger, puisque personne ne connaît mieux que vous le but de mon empressement, et de quel prix il est pour moi. Je crains bien que l'envie de m'obliger ne vous éblouisse un peu sur LES DISPOSITIONS FAVORABLES OU VOUS M'ASSUREZ QUE MON ONCLE EST ACTUELLEMENT A MON ÉGARD...

Vous dites, monsieur, que mon oncle a été blessé du point de ma lettre où je lui fais entendre *qu'il est livré à ses entours, et qu'il agit par leurs instigations.* Je vous observerai sur cela, premièrement, qu'en me marquant dans votre lettre que vous lui aviez montrée, *que vous n'osez lui parler de moi autrement qu'en particulier*, c'était assez me donner à entendre que votre projet et mes désirs *n'étaient pas du goût de tout le monde.* Vous ne redoutez point les chimères : et si vos craintes eussent été sans fondement, vous n'eussiez pas pris des précautions inutiles ; votre dessein cependant ne pouvait être traversé par des gens sans crédit auprès de mon oncle. Vous avez donc pensé qu'il s'en trouvait qui en avaient, et qui *pouvaient en abuser* en s'opposant à mon bonheur, etc... (Ici trois pages de détails.)

Je vous suis toujours infiniment obligé, monsieur, de tous les soins que vous avez bien voulu prendre pour contribuer à ma félicité... Pour vous, monsieur, qui n'avez que des envieux à craindre, je ne doute pas que vous n'en triomphiez. Ils se lasseront de vous poursuivre (ils ne se sont point lassés!), et la vérité sera tout entière en votre faveur.

J'ai l'honneur d'être, avec les sentiments les plus sincères et les plus vifs, monsieur, votre, etc.

Signé : PARIS E MEZIEU.

Qu'on rapproche maintenant la lettre du neveu, datée de 1761, de celle de l'oncle, datée de 1760, que j'ai citée plus haut dans ce mémoire, et qui montre avec quelles considérations, estime et reconnaissance il m'écrivait déjà, l'on jugera d'un coup d'œil si dès ce temps M. Duverney accordait ou non la plus grande confiance à ce jeune homme tant dédaigné nommé Beaumarchais; si ce jeune homme était initié dans tous les secrets de sa famille, et s'il s'employait avec succès à rapprocher deux hommes du plus grand mérite, que l'avidité, la haine et l'intrigue avaient séparés.

A cet examen, on reconnaîtra déjà cet alerte et rusé légataire universel, qui n'a bien déployé son caractère injuste et dur qu'après s'être fort assuré que le testateur, que cet oncle *Alworti* ne pouvait venir le lui reprocher et l'en punir par l'exhérédation, comme un autre *Blifil*.

Par l'examen de ces deux lettres, on apprendra pourquoi ce désintéressé comte de la Blache a fait, pendant dix ans, les derniers efforts pour enlever à Beaumarchais le cœur et la confiance de son ami respectable.

On y verra la source de la plus noire intrigue à cet égard, et celle des abominables lettres anonymes qu'on ne cessait d'écrire à ce vieillard sur mon compte, et à moi-même sur le sien.

On y verra pourquoi, cherchant en vain la paix dans sa maison, il m'avait prié de ne plus le voir qu'en particulier à des heures convenues, où cet homme, entravé dans les liens d'un esclavage domestique, était obligé de sortir en carrosse par sa grande porte, et de rentrer à pied chez lui par la basse-cour donnant sur le boulevard, pour être libre de me voir; circonstance invinciblement prouvée

par la réponse même qu'il fait à cette lettre
du 9 mars 1778, que j'ai rapporté plus haut.

Quand voulez-vous que nous nous voyions? (*lui
demandai-je à la fin*) car je vous avertis que d'ici
là je ne ferai pas une panse d'A sur vos corrections.

A quoi il répond de sa main sur le même
papier.

Ce vendredi.

Demain, entre cinq et six heures. Si je n'y étais
pas, il faudra m'attendre, PARCE QUE JE SORTIRAI POUR
ÊTRE EN LIBERTÉ.

Il sortira pour *être en liberté*! Il était donc
obsédé par l'espionnage! *En liberté*, de quoi ?
de voir en secret le sieur de Beaumarchais,
auquel il avait imposé ce devoir pénible! devoir qui faisait regimber ce dernier, parce
que ce dernier est un animal fier... (Et même
un peu brutal, dit le comte de la Blache.)

De laquelle fierté, duquel regimbage, desquels devoirs pénibles, duquel mystère, desquels espionnages, desquelles lettres anonymes et noires intrigues domestiques, le
lecteur va recevoir des preuves aussi claires
que le jour!

Le 8 octobre 1769, c'est-à-dire peu de temps
après cette arrivée de Touraine sur laquelle
les soussignés ont tant argumenté (page 41),
en citant trois de mes lettres ostensibles, j'eus
occasion d'écrire à M. Duverney le billet suivant, en lui envoyant par une voie sûre une
atrocité anonyme dont je venais d'être ré-
galé. Je prie le lecteur de donner toute son
attention à mon billet d'envoi et à la réponse
de M. Duverney, de sa main, sur le même
papier. Tout cela est tellement lié à ce qui
précède et à ce qui va suivre, qu'on ne peut
trop s'en pénétrer. C'est moi qui parle:

Lisez la belle chienne de lettre anonyme que je viens de recevoir. Voyez comme vous y êtes traité ainsi que moi, et dites encore que mes devoirs sont de vous voir souvent, parce que je vous dois de la reconnaissance! Réellement ils croient que nous machinons quelque chose contre L'INTÉRÊT DE LA SUCCESSION! Je ne veux plus vous voir avec ce mystère. Ou recevez-moi comme tous vos amis, ou trouvez bon que je laisse là mes devoirs. Cela paraît être de la main d'une femme. On viendra encore vous tourner, vous questionner : quel parti tiendrez-vous? Celle-ci est encore p us insolente que celle que vous avez reçue vous-même.

L'affaire de l'achat de la maison de Rivarennes, etc. *(mais ne détournons pas le lecteur de l'objet que je traite en ce moment)*... J'espère que vous allez brûler l'infâme après l'avoir lue. Je vous avoue qu'elle m'a ému la bile horriblement à la lecture Et je disais : C'EST CE CHIEN DE MYSTÈRE qu'on veut que je mette à notre amitié, qui m'attire ces horreurs : MON AMI, vous êtes la belle passion de mon âme; mais moi j'ai l'air de n'être que votre passion honteuse! JE NE VEUX PLUS DE CES DEVOIRS, si je ne m'en acquitte publiquement, etc.

Eh ! que répond à cela M. Duverney, de sa main, sur le même papier? Écoutons.

Ce n'est pas une FEMME ni une personne seule qui a fait la PIÈCE PLEINE DE MALICE dont on a fait lecture. On a vraisemblablement pour objet d'examiner quel en serait l'effet. Le silence peut faire croire que l'on n'improuve pas l'accusé : cependant on doit se taire, ne rien dire; mais se préparer à répondre, si l'on allait jusqu'à faire des questions, et s'en tenir en ce cas au projet formé, que tout ce qui est anonyme ne se lit point, et que l'on jette tout au feu.

LES DEVOIRS ne doivent point être interrompus : mais les rendre MOINS EXACTS et moins souvent POUR UN TEMPS.

Ne conviendrait-il pas que l'on dit à N... et à N... que l'on a reçu plusieurs LETTRES ANONYMES, et que, conformément à l'usage ordinaire, on les a brûlées? d'autant mieux que cette licence, peu honnête, EST PORTÉE A UN POINT QUI N'EUT JAMAIS D'EXEMPLE, puisque l'on se met sur le ton DE N'ÉPARGNER PERSONNE, etc.

Telle est sa réponse : « Ce n'est pas une femme, dit-il, ni une personne seule qui a fait la pièce, etc. » (Vous voyez bien, lecteur, qu'il savait, ainsi que moi, à qui s'en prendre!) « Ne conviendrait-il pas que l'on dît que l'on a reçu plusieurs lettres anonymes? » (Il en avait donc reçu plusieurs, ainsi que moi! C'était donc un usage établi, une voie ouverte contre nous?) « La licence en est portée à un point qui n'eut jamais d'exemple; on n'épargne personne. » (Elles étaient donc bien noires et bien atroces, ces lettres!) Et puis l'on cherche toute la vie pourquoi tel homme est dénigré, déchiré! On a cherché qui faisait, pendant mes procès, insérer tous ces articles abominables contre moi, dans les gazettes étrangères? Et c'est après dix ans de patience que l'acharnement d'un perfide ennemi me force enfin de mettre au jour toutes ces horreurs! Quelle âme! messieurs! quelle âme!

Et cette lettre a été jointe au procès dès le principe; et le comte de la Blache l'avait lue chez mon notaire avant le procès, et l'on juge assez qu'elle n'avait fait qu'enflammer sa haine et ses désirs de vengeance!

Allons, M. le comte de la Blache, encore une petite inscription de faux contre cette lettre. Vous en avez tant à faire, qu'une de plus ne doit pas vous arrêter en si beau chemin!

Enfin, c'est ici le lieu de rappeler ces trois lettres ostensibles de moi, citées par eux avec fracas (pag. 40 et 41).

Il a été trouvé dans les papiers de M. Duverney trois lettres du sieur de Beaumarchais, des 8 février, 24 juin et 11 octobre 1769. Les voici...

Quatre pages de commentaires!
Si j'ai transporté cet objet tout au travers *les ruses,* c'est qu'il pourrait bien s'y en ren-

contrer une innocente, à nous avoir assuré
que ces trois lettres sont tout ce qu'on a trouvé
de moi sous le scellé de M. Duverney, lorsque
par une distraction, légère à la vérité, les
soussignés avaient, sans y songer, laissé tomber de leur plume ces petits mots, qui n'ont
pu m'échapper (p. 10) :

> On trouve enfin dans les pièces inventoriées quel-
> ques autres lettres du sieur de Beaumarchais, *les unes
> sans date*, et trois autres datées des 8 février, 24 juin,
> 11 octobre 1769.

Par quel hasard *ces unes sans date* ne revien-
nent-elles plus du tout dans la consultation,
pendant qu'on fait un si grand fracas des trois
qui sont datées ?

Le comte de la Blache aurait-il donc trouvé
dans *ces unes sans date*, qu'il tient ensevelies,
quelque phrase contraire à son plan d'ignorance absolue sur nos liaisons particulières?
Pardon, messieurs, s'il m'a donné lieu de lui
appliquer sévèrement ce qu'un mauvais plaisant d'auteur a dit trop légèrement des dames
galantes! encore un coup, pardon si j'insiste!
Mais j'ai toutes les peines du monde à penser que si le comte de la Blache ne montre
point une chose, cette chose n'eût pas en
effet quelque petit besoin de demeurer ca-
chée!

Cependant comme cela ne me fait rien, et
que je ne voudrais pas qu'une pareille réti-
cence arrêtât le jugement du procès, *si ON* a
ces unes sans date à Aix, et si *ON* les joint aux
pièces, à la bonne heure. Si elles sont restées
à Paris dans l'oubli avec certains premiers
mémoires, nous nous en passerons. Tout ce
qu'*ON* fera là-dessus sera bien fait; j'aime à
m'en rapporter quelquefois aux gens; et
pourvu qu'*ON* ne nous retarde pas, je suis
content. Reste à guérir maintenant les *sous-*

signés de leurs inquiétudes pour moi sur ces trois lettres datées de 1769.

Au lieu de se perdre, comme ils ont fait, dans des conjectures vagues et fatigantes, sur des morceaux isolés, dont la chaîne était rompue pour ceux qui ne savaient rien de nos affaires, que ne s'adressaient-ils à moi? Je les aurais tirés de peine avec plaisir. J'ai tant et si souvent offert des éclaircissements au comte de la Blache! Ne les aurait-il donc refusés que pour se livrer plus a l'aise à ses noires interprétations, et se conserver, en feignant de ne rien savoir, l'affreux droit d'empoisonner tout!

J'aurais montré, par exemple, aux *soussignés* cet envoi secret d'une lettre anonyme que je viens d imprimer avec sa réponse, et je leur aurais dit :

Examinez, messieurs, que, le 8 octobre 1769, je demandais à M. Duverney en particulier : « Dites encore qu'il faut que *je vous voie souvent*, parce que *je vous dois* de la reconnaissance. Réellement ils croient que nous machinons quelque chose contre l'intérêt de votre succession! Je ne veux plus vous voir *avec ce mystère.....* Ou recevez-moi comme tous vos amis, ou trouvez bon *que je laisse là mes devoirs... Je ne veux plus de ces devoirs*, si je ne m'en acquitte publiquement, etc. »

A quoi le vieillard, frappé de voir dans la lettre anonyme que le secret de nos entrevues était découvert, m'avait répondu : « *Les devoirs* ne doivent pas être interrompus; mais *les rendre moins exacts* et moins souvent *pour un temps.* »

Deux jours après, messieurs, un homme qui l'avait vu depuis peu me faisait verbalement *des reproches de négligence de sa part*, voyez que je le charge à mon tour d'une réponse vague *à ces reproches de négligence*, QUE JE NE CROIS PAS

MÉRITER. (Ce sont les termes de ma lettre ostensible du 11 octobre 1769.)

Si je réponds même à *ces reproches*, c'est que
je ne puis dire à celui qui m'en presse : Monsieur, j'ai écrit il y a deux jours en secret à
M. Duverney les raisons de ma répugnance à
le voir.

Alors j'aurais fait aux *soussignés* toutes les
questions redoublées qui suivent sur les trois
lettres mêmes qu'ils ont citées.

S'il y avait quatre ou cinq ans, messieurs,
comme le dit le seigneur ON, que nous n'eussions plus aucune liaison, M. Duverney et
moi, pourquoi donc en 1769, c'est-à-dire près
de l'époque de notre règlement de compte, me
faisait-il faire sans cesse, ou *des reproches de le
négliger*, ou *des invitations de l'aller voir?*

Pourquoi, dans ma lettre ostensible du 11 oc-
tobre, lui écrivais-je : *Il me fait des reproches de*
NÉGLIGENCE *de votre part*, QUE JE NE CROIS PAS
MÉRITER?

Pourquoi, lui rappelais-je, dans cette lettre,
que *je l'avais vu en juillet plusieurs fois avec
l'empressement d'un homme qui n'avait que peu de
jours à rester à Paris?*

Pourquoi lui mandais-je encore que *j'allais
à Fontainebleau me mettre au courant de bien des
choses* dont je lui rendrais compte du 20 au 25?

Pourquoi, dans ma lettre ostensible du 24
juin précédent, *pressé de repartir pour la Touraine*, lui disais-je qu'il *était nécessaire que je le
visse avant mon départ?*

Pourquoi ma lettre ostensible du 8-février
précédent prouve-t-elle *qu'il m'avait fait prier
verbalement plusieurs fois de passer chez lui;
mais que, m'y étant présenté aux heures où il
avait du monde, j'avais trouvé sa porte fermée
pour moi?*

Pourquoi prouve-t-elle encore que, ce même
jour 8 février, étant parvenu sans doute à se

rendre libre, il faisait courir après moi pour m'inviter de l'aller voir *le soir même*, avec tant d'empressement, que *sur ses ordres on m'avait en vain cherché toute la soirée où l'on avait cru me rencontrer?* (Ce sont les termes de ma lettre ostensible.)

Pourquoi lui mandais-je à la fin de cette lettre, que s'il me faisait avertir une autre fois, deux jours seulement d'avance, *il me serait bien doux de lui prouver que*, corps et biens, *personne n'était avec un dévouement plus respectueux, etc.?*

Pourquoi ces *devoirs* qu'il ne fallait pas *interrompre, mais rendre moins exacts et moins fréquents pour un temps?* (Ce sont les termes de sa lettre du 8 octobre.)

Pourquoi tout cela, dis-je, s'il n'y avait rien de mystérieux, d'intime, aucune liaison secrète, aucune affaire entre deux hommes qui ne s'expliquaient jamais dans des lettres ostensibles, mais qui n'en couraient pas moins toujours l'un après l'autre en cette même année 1769, à l'instant de se régler, quoique depuis quatre ou cinq ans il n'y eût plus, selon le seigneur ON, aucun commerce entre eux?

On sent bien que ce seigneur, embarrassé de son ignorance, vraie ou fausse, est obligé de rester la bouche ouverte, et ne sait que répondre à tout cela. Moi qui ne cache rien qui dis tout, je l'explique en prouvant deux commerces   entre M. Duverney et moi, dont le mysterieux est toujours la clef de l'ostensible, ainsi qu'on le voit clairement en rapprochant mes deux lettres du 8 et du 11 octobre, l'une secrète et l'autre publique, lesquelles démontrent que le seul débat qu'il y eût entre nous venait de ma répugnance pour les conférences mystérieuses, et de la sienne pour les visites connues de son héritier.

Ainsi donc, malheureux vieillard! pauvre

Beaumarchais! il y avait entre vous deux, et dans l'intérieur de la maison, des intrigants alertes et dangereux à qui rien n'était sacré pour détruire vos liaisons! Et quoique mystérieuses, elles étaient donc encore dépistées par les espions, qui, feignant de n'en rien savoir, n'en écrivaient pas moins des lettres anonymes pour essayer de brouiller les deux amis!

Etonnez-vous, après de telles horreurs, que le vieillard, déchiré par les assauts de tant d'intérêts divers qui se croisaient en lui, ne voulût pas employer de notaire à la confection de notre acte! Etonnez vous qu'on trouve dans l'un de mes billets du 15 février 1770, rapporté par eux-mêmes (p. 49), ces paroles remarquables :

« Puisque mon bon ami craint d'employer son notaire, A CAUSE DE SES MALHEUREUX ENTOURS, je vais commander l'acte au mien, s'il l'approuve ; il sera fait demain au soir; et on lui portera tout de suite à signer. »

Etonnez-vous que la réponse à ce billet, de sa main, sur le même papier, soit : *Il faut se voir avant de rien ordonner; le temps est trop court.*

Nous nous vîmes en effet; mais il n'accepta pas plus mon notaire que le sien. *On croira,* disait-il, *que je fais un autre testament, et que c'est vous qui me le suggérez. Je ne le puis.* Et l'acte chemina sous seings privés, comme il le désirait, et tel qu'il subsiste aujourd'hui.

Triste destinée des vieillards livrés à leurs collatéraux! terrible, mais juste punition de celui qui, trompant le vœu de la nature et de la société, s'éloigna du mariage et vieillit dans le célibat! son âme s'attriste et se consterne à mesure qu'il sent l'asservissement augmenter, l'esclavage s'appesantir. En vain il voit son avide héritier éloigner ses amis, gagner ses valets, ses gens d'affaires, et tout corrompre autour de lui! Que lui servirait de s'en plaindre et de l'en punir par l'adoption d'un autre! Il ne ferait que changer de tyran. Il aperçoit dans tous l'impatience de sa destruction. Lui-même; hélas! l'infortuné, n'a plus la faculté d'aimer aucun de ceux qu'il se voit forcé d'enrichir! Enfin, dégoûté de tout, il gémit, se tourmente, et meurt désespéré!

Amants du plaisir! amis de la liberté! imprudents célibataires! que ces deux noms, *la Blache* et *Duverney* vous restent dans l'esprit et vous servent de leçon! c'est le plus terrible exemple à citer d'un pareil asservissement! Mais voulez-vous échapper à ces horreurs? devenez pères. Voulez-vous goûter encore dans la vieillesse l'inestimable bien d'aimer? devenez pères : il le faut; la nature en fait une douce loi, dont l'expérience atteste la bonté. Pendant que tous les autres liens tendent à se relâcher, celui de la paternité seul se resserre et se renforce en vieillissant. Devenez pères : il le faut. Cette vérité chère et sublime, on ne peut trop la répéter aux hommes! et le douloureux souvenir de mon respectable ami m'en rend le sentiment si vif en ce moment, que je n'ai pu me refuser de le verser sur mon papier.

Cependant tout ce que je viens de dire est a réponse à cette question des *soussignés* et lu légataire (page 59) : « Par quelle raison M. Duverney aurait-il craint son notaire? » dont je leur ai promis l'éclaircissement dans ce mémoire.

A mesure qu'on avance, le tableau se nettoie. On voit que tout s'enchaîne : on y voit comment l'acte du 1er avril, les lettres à l'appui, celles qui n'y ont pas de rapport, leur mystère, celui de nos conduites, l'esclavage du testateur et les intrigues de l'héritier, ont une telle connexion, se prêtent une telle force, qu'elles ne sauraient plus être ébranlées par cette foule de noirceurs que je nomme avec le plus de modération que je puis, *les ruses du comte de la Blache.*

Elles s'étendaient à tout, *ces ruses!* Dans ce même temps, le légataire, ayant ou croyant avoir à redouter quelque chose du sieur Dupont, exécuteur testamentaire désigné dans le testament de son oncle, avait si bien fait son thème et tramé son intrigue, que la porte de M. Duverney lui fut enfin fermée, et qu'on voulut forcer ce vieillard à nommer un autre exécuteur.

Cet oncle gémissait en secret avec moi de ces persécutions, qu'il n'avait plus la force de repousser

Et toutes ces choses sont encore constatées dans mes lettres des 25 et 26 octobre 1770 à l'exécuteur testamentaire, longtemps avant qu'il y eût un procès entre moi et l'héritier Duverney.

Dans ma lettre du 25 octobre, je mandais à cet exécuteur :

Je ne me suis pas d'abord adressé à vous, monsieur, parce que la cruelle maladie qui m'a tenu au lit tout l'été ne m'a permis de recevoir aucun détail sur les derniers moments de M. Duverney, et que j'avais de fortes raisons de penser que, s'il avait fait un testament nouveau, L'EMBARRAS DE SON EXÉCUTION DEVAIT REGARDER UN AUTRE QUE VOUS. (*J'étais bien initié, comme on voit, dans les secrets de la famille.*) Sa mort précipitée, qui a dérangé tant de petits projets, laisse au moins à la tête de ses affaires un homme, etc. .

Signé : CARON DE BEAUMARCHAIS.

Dans ma lettre du 26 octobre au même, on lit :

Ah! monsieur, que de petites noirceurs! que d'intrigues! que de lettres anonymes! que de peines on s'est donnée autour de ce pauvre vieillard pour l'envelopper! Sa politique n'allait pas jusqu'à me dissimuler cette espece d'esclavage. J'en ai dans ses lettres des preuves certaines. A l'égard des choses que M. de la Blache dit tenir de son grand-oncle, il ne faut se fier à cela qu'avec de bonnes restrictions mentales. J'ai vu cet oncle, dans le temps même où il n'osait pas vous recevoir, dans le temps qu'il semblait le plus outré contre vous, gémir avec moi des soins qu'on prenait pour lui noircir la tête, et éloigner son cœur de ce qu'il avait le plus aimé, etc., etc.

(Cet oncle ne me cachait donc pas plus ses chagrins que ses affaires.)

Eh! que répondit à cela l'exécuteur testamentaire, homme aussi prudent que sage et circonspect? (Je ne veux rien cacher.)

Ce 26 octobre 1770.

J'ai, monsieur, assez de discrétion, et j'aime assez la paix pour garder pour moi seul la lettre que vous m'avez fait l'honneur de m'écrire hier au soir.

Je connais tout le mal qu'on a voulu me faire...

(Eh! comment ne l'aurait-il pas connu, puisqu'on a trouvé dans les papiers du vieillard un testament commencé, duquel il était exclu?)

—Je connais tout le mal qu'on a voulu me faire; je n'en ai que peu ou point de ressentiment, et je fais en sorte de ne m'en pas occuper... Je voudrais pouvoir jouer dans votre affaire le personnage de conciliateur. Je m'y prêterais peut-être, si M. Duverney m'avait fait la plus petite ouverture sur les affaires que vous aviez avec lui : il a voulu que ce fût un secret pour moi, *etc...*

J'ai pensé, même avant que vous ne le dissiez, que s'il avait vécu trois mois de plus on n'aurait trouvé aucune trace des choses qu'il faut aujourd'hui que vous mettiez au jour. Il a été surpris par la mort, pour nous donner l'avertissement qu'il est des affaires qu'on ne doit jamais remettre au lendemain. JE CONNAIS ASSEZ CELLES QU'IL VOUS LAISSE A DÉMÈLER AVEC SON

HÉRITIER, POUR QUE JE NE VEUILLE PAS Y JOUER UN RÔLE; je vous prie donc, monsieur, de ne pas me presser sur cela, etc.

Signé : Dupont.

Et ces lettres aussi, je les joins au procès : car tout fait concours de preuves en cette défense. Qu'il ose les attaquer, ces preuves ! il me fera plaisir.

Voilà comment il avait l'art d'écarter du testateur tout ce qui lui faisait ombrage, et voilà comment, le suivant de *ruse* en *ruse*, je parviens à démasquer par degrés ce légataire intéressé contre qui je plaide depuis huit ans.

On voit, par ces aveux d'un homme honnête, et qui jugeait froidement alors, dans quelles dispositions atroces était à mon égard ce vindicatif héritier, et par quelle voie il entendait déjà satisfaire la haine invétérée qui lui faisait dire ingénument quelquefois : « Depuis dix ans, je hais ce Beaumarchais comme un amant aime sa maîtresse ! » A quoi je n'ai pu m'empêcher d'appliquer la réflexion suivante dans mon *Mémoire au conseil :*

Quel horrible usage de la faculté de sentir ! et quelle âme ce doit être que celle qui peut haïr avec passion pendant dix ans ! Moi qui ne saurais haïr dix heures sans être oppressé, je dis souvent : Ah ! qu'il est malheureux, ce comte *Falcoz !* ou bien, il faut qu'il ait une âme étrangement robuste !

Et tous ces nouveaux traits, comme on le voit, méritaient bien d'être placés dans un recueil intitulé *les Ruses du comte de la Blache.*

Enfin, voilà M. Duverney mort, à mon grand regret, et son légataire en possession, à son grand plaisir. Tout ce qui précéda cet instant fut l'effet de sa frayeur : tout ce qui l'a suivi est celui de sa vengeance et de son avarice.

Je sais bien qu'il déprécie autant qu'il peut la fortune de ce grand-oncle en en parlant, pour nous apitoyer, bonnes gens! sur son pauvre héritage! Et cependant s'il est riche, s'il figure, tout ce qu'il a dans le monde il le tient de la munificence de ce généreux parent : oui, de lui seul. — Qu'aviez-vous sans lui de votre chef? — Ma noblesse.—Eh! vous la traîneriez, monsieur, si son or ne l'avait pas richement rehaussée, et si tout son papier n'eût pas renforcé votre parchemin.

Mais ne vous a-t-il laissé de quoi soutenir noblement votre nom que pour le dégrader après lui par des vilenies, et pour souiller le sien, que vous deviez vénérer?

Laissons cela! mon cœur s'indigne, et je sens que j'irais trop loin. Mais aussi se voir appeler fripon, faussaire, etc., pendant dix ans, par un tel homme! qui pourrait le soutenir?

Tous ceux qui ont du sang aux ongles, et qui voient ce qu'il m'a fallu de patience, de force et de courage pour soutenir et repousser tous les maux qu'il m'a faits, sentiront bien que j'ai raison! Mais laissons cela.

Je passerai sous silence tout ce qui tient au funeste instant de la mort de mon respectable ami. Je tairai comment le comte de la Blache s'est emparé de ses derniers moments, et comment mes titres ont disparu du secrétaire, parce que, n'ayant point de preuves légales à donner de ce fait, il faudrait toujours en revenir au problème que j'ai proposé plus haut, dans mon *Mémoire au conseil*, où il faut le voir en entier : c'est le gâter que de l'extraire.

Je passerai sous silence les inductions que je pourrais tirer de tous les procès qu'il a faits ou soutenus contre tout ce qui tenait à M. Duverney. J'en ai cité de faibles échantil-

lons plus haut, dans ce même *Mémoire au conseil*), sur des portraits légués à M. de Brunol.
Le seigneur ON les a niés, parce que c'est la
seule façon du seigneur ON de convenir des
choses. Et moi, qui n'en veux pas reparler ici,
je le pourrais pourtant bien, parce que le fait
est vrai, que la preuve, les dits et contredits
à ce sujet sont consignés aux papiers de l'inventaire Duverney; mais comme, après l'inscription de faux où je veux le réduire enfin,
nous aurons un autre petit procès dans le
genre criminel ensemble, et qu'alors j'aurai
plus d'un droit acquis de consulter les papiers Duverney, je ne manquerai pas d'en extraire ce fait, ainsi que plusieurs autres que
je réserve aussi pour ce temps-là.

Ses autres *ruses* à mon égard sont si connues, qu'il suffira de les rappeler en bref, et
de citer les pages de mes mémoires où l'on
peut s'en assurer, et les voir établies dans le
plus grand détail.

Nous plaidions aux requêtes de l'hôtel.
« Mon adversaire, sentant bien que le fonds
du procès ne présentait aucune ressource à
son avidité, employait celle de jeter de la défaveur sur ma personne, pour tâcher d'en verser sur ma cause. En conséquence il allait
chez tous les maîtres des requêtes, nos com-
muns juges, leur dire que j'étais un malhonnête homme. Il leur donnait en preuves que
Mesdames, qui m'avaient autrefois honoré de
leurs bontés, ayant reconnu depuis que j'étais
un sujet exécrable, m'avaient fait chasser de
leur présence... » Mais il faut lire toute cette
abomination dans mon troisième mémoire
sur le procès de Goëzman.

On y verra comment j'obtins de Mesdames
une attestation de probité; comment il essaya
de la détruire par une infernale intrigue, et
comment, sur ce fait, il me donnait à Paris

pour faussaire, afin de rapprocher ce prétendu faux de celui dont il voulait qu'on suspectât l'acte du 1ᵉʳ avril, et gagner son procès par cette ruse. Enfin, on y verra comment l'indignation ranimant ma force épuisée par le travail et la douleur, je l'ai couvert du dernier opprobre à cet égard, en publiant les preuves de son infamie. (3ᵉ mém. Goëzman.)

Un autre incident, plus grave encore que l'attestation des princesses, arrivé pendant les mêmes plaidoiries des requêtes de l'hôtel, mériterait bien d'être placé dans ce recueil ingénu *des ruses!* Mais comment le traiter, comment le peindre? Il est si subtil, si délié, qu'il se perd sous la plume et s'évapore à la diction!

Les grands traits sont aisés à rendre: on lit le fait, un coup de pinceau large y suffit. Mais quel art il faudrait pour bien développer une de ces noirceurs filées, distillées, superfines, la quintessence de l'âme et le caramel *des ruses;* de ces noirceurs enfin qui, naissant d'une foule de combinaisons, de préparations ignorées, frappent un coup d'autant plus fort au moment qu'elles éclatent qu'on peut moins en saisir, en montrer, en prouver sur-le-champ l'odieux assemblage! Essayons cependant d'ébaucher celle-ci, qui m'aurait enlevé le gain de la cause et m'eût déshonoré tout d'une voix, si mon bonheur ne m'eût conduit ce jour-là même à l'audience. Voici le fait.

L'avocat du comte de la Blache (Mᵉ Caillard) avait prié le mien de lui confier encore une fois l'acte du 1ᵉʳ avril, et les lettres de M. Duverney. Celui-ci m'en parle, en m'assurant que cela est sans risque, et m'engage de m'y prêter : après quelques refus, je n'y consens qu'à la condition que ce sera moi-même qui les remettrai à Mᵉ Caillard. Il les reçoit de ma main : les pièces restent cinq jours

dans les mains ennemies; on les rend à mon
avocat : mais peu de temps après, ce moulin
à paroles de *Caillard*, plaidant avec la plus
grande indécence, aux requêtes de l'hôtel,
contre moi présent et souffrant tout, pendant
que le comte de la Blache ricanait dans un
coin avec un petit solliciteur de procès, nommé
Chatillon, qu'il a élevé depuis à la dignité de
son compagnon d'armes à Aix, j'entendis
Caillard articuler ces mots :

Messieurs, une preuve décisive que les billets du
sieur de Beaumarchais ont été appliqués après coup
sur d'anciennes lettres de M. Duverney, c'est l'observation que nous avons faite sur celui du 5 avril, auquel M. Duverney, dit-on, a répondu : *voilà notre
compte signé.*

L'avocat se fait donner cette lettre, et, la
montrant à l'audience, dit à haute voix (et
moi Beaumarchais, je prie le lecteur de lire
ceci avec bien de l'attention) :

Messieurs, la cour saura que M. Duverney, en envoyant autrefois ce billet, avait écrit au bas du papier, comme c'est assez l'usage, ces mots : *M. de Beaumarchais.* Je remarquerai d'abord qu'on n'écrirait
pas ces mots indicatifs de l'homme à qui l'on veut
envoyer une lettre, si elle était une réponse écrite
sur le même papier; ce qui prouve déjà que le billet
n'est pas une réponse, mais une première lettre.
Or, le sieur de Beaumarchais, en abusant depuis de
ce billet, pour y appliquer après coup une première
lettre, ne s'est pas aperçu de ces mots écrits par M. Duverney au bas du papier: *M. de Beaumarchais:* voulant donc cacheter le billet qu'il venait de forger après
coup, pour lui donner au moins l'air d'avoir été envoyé, il a couvert imprudemment une partie de ce
mot *M. de Beaumarchais* avec sa cire à cacheter ; de
sorte que, lorsqu'il a déchiré le papier pour rouvrir
ensuite sa lettre, la moitié du mot *Beaumarchais* est
restée ensevelie sous le cachet.
Or, vous jugez bien, messieurs, que si le sieur de
Beaumarchais eût réellement écrit, cacheté et envoyé
sa lettre à M. Duverney avant que celui-ci y eût fait

la prétendue réponse « *voilà notre compte signé,* » le mot *Beaumarchais* écrit en répondant par M. Duverney, au bas du papier, ne se trouverait pas à moitié couvert, et emporté par un cachet supposé mis avant que ce mot fût écrit.

Donc le cachet qui couvre l'écriture a été mis après coup par le sieur de Beaumarchais; donc ce billet a été composé après coup, sur un ancien billet de M. Duverney; donc celui de M. Duverney n'en est pas la vraie réponse; et par suite de conclusions, donc ces mots, *voilà notre compte signé*, n'appartiennent pas à l'acte du 1er avril; donc cet acte est frauduleux; donc il doit être déclaré nul. Cela est-il prouvé, messieurs ?

A l'instant, il s'élève un murmure général, et l'argument paraît si fort, que tous le juges veulent voir le mot *Beaumarchais* couvert et emporté par le cachet.

Étonné de ce que j'entends, je supplie à mon tour qu'on me fasse passer le billet, ne pouvant concevoir quel était ce mot couvert par un cachet dont on tirait une si tranchante induction contre moi.

Le billet m'arrive enfin : je regarde le mot *Beaumarchais*, et je reconnais au coup d'œil que ce mot n'est pas de la main de M. Duverney. J'arrête à l'instant l'audience, en suppliant la cour, avant de passer outre, d'ordonner que ce mot *Beaumarchais* soit bien examiné, parce que je soutiens qu'il n'est pas de l'écriture de M. Duverney, et qu'il y a de la supercherie. Me de Junquière, mon procureur, s'approche, regarde, et s'écrie :

Messieurs! que penser de nos adversaires, qui ne veulent pas voir la main de M. Duverney au bas de l'acte où elle est, et qui, par une double ignorance, ou plutôt une double ruse, s'obstinent à la voir ici où elle n'est pas ? Le mot *Beaumarchais*, messieurs, est de ma main ; c'est moi qui l'ai écrit, il y a quinze jours, pour coter ce billet de mon client par son nom, comme étant une pièce capitale, et j'en offre la preuve.

On passe aux opinions, et il est ordonné que, sans déplacer, Me de Junquière écrira sur le bureau plusieurs fois couramment le mot *Beaumarchais* pour le confronter avec celui du billet. Junquière écrit; le billet repasse à la confrontation, et tout le monde alors convient que le mot est bien de Junquière, et non de M. Duverney, et que Caillard en impose, ou ne sait ce qu'il dit.....

— Oh! que pardonnez-moi, messieurs, il le sait bien! et il le sait si bien, que je prends à mon tour son argument, et je dis :

Puisque le mot *Beaumarchais*, qui n'est pas de M. Duverney, mais écrit depuis quinze jours par Me de Junquière, est néanmoins couvert par un cachet, et déchiré, j'en conclus bien plus justement que *Caillard*, que mes pièces ayant été confiées amicalement depuis peu aux adversaires qui les ont gardées cinq jours, ils ont aperçu ces mots, *M. de Beaumarchais*, au bas du papier; et que, les croyant ou feignant de les croire de M. Duverney, ils ont eu la mauvaise foi de couvrir mon nom de cire, et d'en enlever la moitié, pour tourner, en plaidant, leur supercherie contre moi. Et ce billet, messieurs, qui leur fait si grande peine à cause de ces mots de M. Duverney, *voilà notre compte signé*, remarquez qu'ils lui ont fait subir toutes sortes d'indignes épreuves, et même celle du feu, dont il porte encore l'empreinte et la roussissure, ainsi que d'autres marques d'encre plus déshonorantes encore, etc.....

Alors, au lieu de juger l'affaire à l'audience on ordonna un délibéré qui me sauva.

M. Dufour, étant nommé rapporteur de l'affaire, fit venir de nouveau chez lui Me de Junquière, le fit écrire en sa présence et couramment mon nom plusieurs fois, confronta les *écritures*, et se convainquit de nouveau de l'équité de mes plaintes et de la duplicité de mon adversaire.

Comme cette anecdote est aussi bonne au Parlement d'Aix qu'elle le fut aux requêtes de l'hôtel, je préviens nos juges que le papier portant plusieurs fois mon nom de la main de Me de Junquière est joint à la lettre en question dans les pièces du procès, et j'avertis que cette gaillarde espièglerie a été publiée alors dans deux mémoires de moi, l'un signé *Bidault* et l'autre *Falconnet*, qui sont aussi joints aux pièces de ce procès. Et voilà, messieurs, ce que j'appelle encore du nom le plus doux qu'il m'est possible, *les ruses du comte de la Blache.*

Il était bien juste, après cela, qu'il perdît son procès avec dépens : c'est aussi ce qui arriva. Vous jugez s'il devint furieux, s'il jurait, piétinait, injuriait, courait et bondissait comme un lièvre qui a du plomb dans la cervelle ? On le voit d'ici. Or, comme nous étions dans un temps de subversion où l'homme accrédité se croyait peu dépendant des tribunaux qui le jugeaient, et que le comte de la Blache avait la modestie de se classer dans ce rang supérieur, sa colère et sa vanité, confondant tout, lui firent faire une scène chez un des maîtres des requêtes après le jugement : il alla lui demander fièrement compte de son avis, et poussa l'assurance au point de dire au magistrat : « Il est bien étrange, monsieur, que vous ayez appuyé, peut-être formé, l'opinion devenue contraire à mes intérêts, aux requêtes de l'hôtel ; ma chaise est à votre porte, et je m'en vais m'en plaindre hautement à Versailles : nous verrons ce qui en résultera. »

Le magistrat, qui croyait n'avoir à rendre compte à personne de son opinion au tribunal, un peu surpris du ton leste de ce seigneur, invita l'homme accrédité de ne pas perd, e un moment pour s'aller venger à Versailles, et lui ferma la porte au nez.

C'est ainsi que le ridicule et la vanité sont compagnons inséparables : ainsi la sottise et l'orgueil se tiennent toujours par la main. A la vérité, ce dernier trait ne devrait pas être employé parmi *les ruses*, mais parmi *les rages du comte de la Blache*; mais comme il faudrait un *in-folio* pour *les* dernières, et que ce n'est pas ici mon objet, je conviens de mon tort ; et je rentre un peu honteux dans le vrai plan de cette seconde partie intitulée *les Ruses du comte de la Blache*.

Après que j'eus gagné ce procès aux requêtes de l'hôtel, nous fûmes portés par appel devant la commission, à laquelle on donnait alors un autre nom.

Pendant un an, mon adversaire ne fit que traîner et reculer le jugement; mais enfin une altercation très vive, et beaucoup trop publique entre un grand seigneur et moi, m'ayant fait imposer les arrêts dans ma maison par le ministre, et les maréchaux de France, en levant ces arrêts, m'ayant fait tirer de chez moi, d'autorité, par un officier du tribunal, pour m'y conduire, cette démarche et l'embarras du jugement élevèrent une espèce de conflit entre ces deux autorités.

Le ministre prétendit... le tribunal prétendit... mon adversaire étant duc et pair, on prétendit... et moi qui ne prétendais rien que justice, au lieu de l'obtenir, je devins, comme de raison, victime de ce conflit de hautes prétentions ; et, tant pour avoir quitté malgré moi mes arrêts, que pour m'apprendre à avoir eu raison avec un duc, pendant qu'on le conduisait, lui, dans une citadelle au loin évaporer sa bile, le ministre, en vertu d'une lettre du roi, surnommée de cachet, parce qu'elle est

sans cachet, signée *Louis*, et plus bas *Phéli-
peaux*, envoyée *Sartines*, présentée *Buhot*, acceptée *Beaumarchais*, je m'en souviens comme
si je la lisais encore, le ministre m'invita de
passer huit jours dans un appartement assez
frais, garni de bonnes jalousies, fermeture
excellente, enfin d'une grande sûreté contre
les voleurs, et point trop chargé d'ornements
superflus, au milieu d'un château joliment si-
tué dans Paris, au bord de la Seine, appelé
jadis *Forum Episcopi*.

Et cela parut si juste et si profitable au
comte de la Blache, qu'il employa dans l'instant je ne sais quel crédit sourd du troisième
ordre, qu'il avait alors, à faire prolonger ces
huit jours de quelques huitaines, afin d'avoir
le temps de m'accabler. Puis il se hâta, malgré
mes cris, de faire juger le procès au Palais
pendant mon séjour au château. Il me donnait pour un homme perdu, qu'on ne rever-
rait plus, et qui par là même ne méritait aucun égard : sans négliger les autres moyens
à son usage, on juge bien qu'il eut peu de
peine à le gagner à son tour, sur le rapport du
noble conseiller Goëzman.

Alors, tant par lui-même que par cette espèce de limier de procédure, appelé *Chatillon*,
qui le suit partout, talonnant les huissiers et
les gourmandant pour les exciter au pillage, au
moyen de ce qu'il nommait une poursuite
combinée, il jouit du souverain bonheur de
mettre mes biens en désordre, et de me faire
pour quatre à cinq cents livres de frais par
jour. Enfin, quand il craignit de m'avoir tant
fait piller, que ses intérêts en fussent compromis, il s'arrêta. L'on m'ouvrit *la maison de
l'évêque*, et j'en sortis, me promettant bien, si
jamais j'écrivais en ce procès, de ranger ce
petit trait tout neuf au nombre de ceux inti-
tulés par moi *les Ruses du comte de la Blache*.

Ce malheureux procès gagné aux requêtes de l'hôtel, sur le rapport de M. Dufour, le voilà donc perdu au Palais, à celui du sieur Goëzman!

On sait le reste : on sait comment le comte de la Blache, outré de me voir palpiter encore, lorsqu'il croyait m'avoir écrasé, se joignit au rapporteur Goëzman pour filer la noire intrigue qui devait, selon leur espoir, me donner le coup de mort, ou ce que le peuple d'Aix appelle, en son plaisant langage *mi donna lou Mouceau Margol*. On sait comment, entre autres ruses concertées, le comte de la Blache écrivit de *Paris* une lettre datée *de Grenoble*, où, se plaignant beaucoup à son ami Goëzman de ce qu'il n'avait pu me serrer la gorge, il me peignait en ces termes aussi nobles que justes :

Il manquait peut-être à sa réputation celle du calomniateur le plus atroce. La vôtre (*c'est-à-dire la réputation de M. Goëzman*) est trop au-dessus de pareilles atteintes pour en être alarmée. C'est le serpent qui ronge la lime. (*M. Goëzman était la lime.*) La justice qu'on vous doit servira à purger la société d'une espèce aussi venimeuse (*et l'espèce venimeuse était moi.*) C'est dans les lois que les Beaumarchais doivent trouver la punition de leur audace, etc.

Les Beaumarchais, comme on sait, ne trouvèrent de punition que dans le plus énorme abus de ces mêmes lois : mais la vanité de mon ennemi n'en triompha pas moins lâchement. Et moi, plus fier qu'il n'était vain, du fond de l'abîme où son intrigue m'avait plongé, pendant qu'abusant de mon malheur il me dépouillait de tout, pour un peu d'or que je ne lui devais pas, la fierté m'en faisait refuser des monceaux qu'un généreux enthousiasme offrait de toutes parts à mon courage. J'avais perdu ma fortune et mon état de citoyen; je fuyais la persécution loin de ma patrie; mais j'étais calme et serein, et je n'aurais pas voulu changer mon sort contre celui de cet ennemi.

Non, la fierté n'est pas un défaut! ou c'est au moins le plus noble de tous. Pendant que la vanité s'irrite ou rougit sottement de la contradiction qui la démasque, pendant que l'orgueil, si gourmé dans la fortune, est lâche, abattu dans le malheur, l'âme fière est tranquille, et porte le sentiment de sa dignité jusqu'au sein de l'humiliation même; elle est fière en ce qu'elle se rend intérieurement la justice qui lui est refusée par les autres. Otez à la fierté son dédain et quelque rudesse, elle prend le nom de grandeur d'âme, et la voilà au premier rang des vertus...

FIN DU TROISIÈME VOLUME

Paris.— Imprimerie Nouvelle (asociation ouvrière), 11, rue Cadet. A. Mangeot, directeur.—676-93

.

www.ingramcontent.com/pod-product-compliance
Lightning Source LLC
Chambersburg PA
CBHW070355090426
42733CB00009B/1430